평생
기도

평생 기도

지은이 | 이형자
초판 발행 | 2019. 10. 16

등록번호 | 제1988-000080호
등록된 곳 | 서울특별시 용산구 서빙고로 65길 38
발행처 | 사단법인 두란노서원
영업부 | 2078-3352   FAX | 080-749-3705
출판부 | 2078-3331

책값은 뒤표지에 있습니다.
ISBN 978-89-531-3628-1 03230

독자의 의견을 기다립니다.
tpress@duranno.com   www.duranno.com

두란노서원은 바울 사도가 3차 전도여행 때 에베소에서 성령 받은 제자들을 따로 세워 하나님의 말씀으로 양육하던
장소입니다. 사도행전 19장 8-20절의 정신에 따라 첫째 목회자를 돕는 사역과 평신도를 훈련시키는 사역, 둘째 세계
선교(TIM)와 문서선교(단행본·잡지) 사역, 셋째 예수문화 및 경배와 찬양 사역, 그리고 가정·상담 사역 등을 감당하고 있
습니다. 1980년 12월 22일에 창립된 두란노서원은 주님 오실 때까지 이 사역들을 계속할 것입니다.

담 장 을   넘 은

평생
기도

이형자 지음

두란노

― 불을 지펴 따듯한 밥을 짓는 심정으로 ―

이 일 후에 내가 보니 각 나라와 족속과 백성과 방언에서 아무도

능히 셀 수 없는 큰 무리가 나와 흰옷을 입고 손에 종려 가지를 들

고 보좌 앞과 어린양 앞에 서서 큰 소리로 외쳐 이르되 구원하심이

보좌에 앉으신 우리 하나님과 어린양에게 있도다 하니(계 7:9-10).

머리 위로 빛이 비치더니 눈이 내렸다.

두 손을 들고 고개를 들어 위를 올려다보았다.

새하얀 종이 함박눈이 눈을 뜰 수 없을 정도로 쏟아져 내렸다.

"영광, 영광, 영광, 영-광…."

나는 어린아이처럼 웃으며 오로지 영광만을 외쳐 노래했다.

찬양이 잦아들자 하용조 목사의 음성이 들려왔다.

"예수 그리스도의 은혜와 하나님 아버지의 크신 사랑과 성령님의 감화 감동의 역사가 온 열방과 부름받은 사람들 머리 위에 영원토록 함께하시기를 축원하옵나이다. 아멘!"

2011년 7월, "횃불 한민족 디아스포라 세계 선교 대회" 넷째 날 저녁 집회인 '비전 나이트'의 피날레 장면이 지금도 생생하다. 쏟아져 내리는 종이 함박눈 속에서 눈송이에 담긴 그리운 얼굴들을 보았고, 눈송이의 궤적이 초고속으로 그려 내는 지난 세월의 연속 그림도 보았다.

인생의 천 가지 매운맛과 만 가지 쓴맛을 보고 난 뒤, 지치고 고단하여 맥을 놓고 싶을 때 나를 다시 찾아오신 하나님을 떠올렸다.

"네 민족을 사랑하고, 네 동족을 아껴라."

그때는 그 말씀이 왜 그렇게 섭섭하고 서럽던지…. 부은 얼굴로 입을 다물어 버렸다. 정작 사랑과 돌봄이 필요한 건 나 자신이라는 생각에 복받쳤기 때문인지도 모른다.

내게도 사랑으로 배불렀던 시절이 있었다. 과묵하면서도 깊은 사랑을 보여 주신 아버지와 쾌활하고 생활력이 강하신 어머니, 늘 서로 의지하며 함께 기도하시던 세 분의 할머니와 기도 손을 가르쳐 주신 유치원 선생님의 얼굴이 스쳐 지나갔다. 그리고 어린 나를 에워쌌던 황금빛이 눈에 아른거렸다.

어느 새벽, 우리 집 거실을 가득 채웠던 황금빛을 다시 보는 듯했다. 그곳에서 두세 사람이 모여 기도하기 시작한 것을 하나님이 얼마나 기뻐하셨던가! 함께 울고 웃으며 기도했던 루디아 횃불회 사람들의 얼굴이 눈에 선하다. "산봉우리 봉우리마다 마른 가지 가지마다 횃불에 불을 붙여라!"라고 하신 말씀에 순종했더니 하나님이 내게 놀라운 세상을 보여 주셨고, 감히 꿈꾸지 못했던 경이로운 인생을 살게 하셨다.

하나님은 나를 달래듯이 온화한 음성으로 "네 민족을 사랑하고, 네 동족을 아껴라"라는 말씀을 거듭 들려주셨다. 그리고 내가 말씀을 들을 준비가 될 때까지 기다려 주셨다. 말씀을 받아들이니 주님의 마음이 폭포수처럼 쏟아져 내렸고, 나는 하나님의 깊은 사랑 안에 엎드러질 수밖에 없었다.

거의 평생을 하나님과 동행하며 울고 웃었다. 내게 하나님은 두려운 존재이면서 동시에 어리광을 한껏 부릴 수 있는 편안하고 너른 품을 가지신 존재였다. 그래서 지극히 높으신 하나님의 말씀에 순종하기 위해 곧장 내달리기도 하고, 어떤 때는 말씀을 듣고도 짐짓 못 들은 척 딴청을 부리기도 했다.

일찌감치 하나님과 동행하는 재미에 빠진 덕분에 세상 재미를 맛볼 기회는 없었지만, 길지 않은 인생이 하나님과의 이야기로 채워지는 축복을 누렸다. 하나님을 빼면 내 인생은 아무것도 남지 않을 것이다. 가장 고통스러운 순간에 하나님을 찾았고, 하나님이 계시므로 가장 기쁜 순간을 맞기도 했다.

지금까지 하나님과 수없이 많은 이야기를 만들어 왔지

만, 앞으로 얼마나 더 많은 이야기를 만들게 될지는 알 수 없다. 그러나 분명한 것은 지금 하나님이 내게 주신 비전이 한인 디아스포라를 섬기는 일이라는 것이다. 그러므로 사방으로 욱여쌈을 당할지라도 싸이지 아니하며 답답한 일을 당해도 낙심하지 않고 전진해야 한다(고후 4:8 참조). 무엇보다도 이것이 내게 주어진 마지막 미션이 될지도 모르기에 더욱 그렇다.

하나님이 택하신 민족, 이스라엘은 작고 힘없는 족속이었다. 그들은 자기 땅을 벗어나 끊임없이 이동하고 흩어졌지만, 결국 본토로 돌아갔다. 이스라엘 민족이 수천 년간 떠돌며 온갖 역경을 겪으면서도 살아남을 수 있었던 것은 그들을 향한 하나님의 계획과 섭리가 있었기 때문이다.

이스라엘 민족 못지않게 작고 힘없는 족속인 우리 한민족은 반만 년 동안 한반도에서 이리 치이고 저리 치이면서도 잡초 같은 생명력을 보여 왔다. 하나님의 큰 그림 속에 우리 민족이 있음을 깨닫는 순간, "네 민족을 사랑하라"고 하신 하나님의 말씀이 이해되며 장차 나아갈 길이 보였다. 하나님은 복음의 황무지를 말씀으로 개간하셨고, 한민족을 전 세계에 흩어 보내심으로써 복음 증거자가 될 준비를 시키셨다.

한민족 디아스포라의 역사는 약 200년 전부터 시작되었다. 19세기 말 중국으로 떠난 이들이 조선족이 되었고, 20세기 초에 하와이 사탕수수 농장으로 일하러 간 첫 번째 이민자들의 후예가 이제 5-6세대에 이르렀다. 비슷한 시기에 불법 이민 조직책에 속아 멕시코 유카탄 반도로 떠난 이들은 용설란(멕시코어로 에네켄) 농장에서 노동력을 착취당했다. 노예처럼 처참하게 살았던 그들은 에네켄 또는 애니깽으로 불렸다. 전란을 피해 러시아 연해주로 이주한 한인들은 소련, 우즈베키스탄, 카자흐스탄, 키르기스스탄, 타지키스탄 등으로 흩어진 후에 고려인 또는 카레이스키로 불렸다. 1960년대부터 1980년대까지 국내 실업 문제 해소를 위해 독일로 파견된 사람들은 광부와 간호사들이었다. 1980년대에는 기업인들이 중남미 지역으로 대거 이주했는데, 그들의 후예가 멕시코시티에서부터 상파울로에 이르기까지 중남미 전역에 흩어져 살고 있다.

외교부의 〈재외동포 현황 2019 총계〉(2018년 12월 기준)에 따르면, 약 750만 명의 한민족이 193개국에 흩어져 살고 있다. 6세대에 이르는 이민자의 후예들은 현지 사회에 완벽 적응하여 견실하게 성장해 가거나 주류 사회에 편입하지 못한 채로 여전히 이방인으로 살아가기도 한다.

이러한 때에 내가 감히 복음의 역사를 말할 수 있는 것은 바로 내 삶이 복음으로 빚어지고, 성장해 왔기 때문이다. 유년기에 빛으로 성령을 체험한 뒤에 나는 늘 복음 안에서 살아왔다. 젊은 시절에는 믿음의 선배를 좇으며 교회에 열정을 쏟아붓고 선교 사역에 매진하는 것이 커다란 기쁨이었다. 마음밭이 좋은 한 남자를 만나 믿음의 가정을 이루었고, 그와 함께 하나님의 역사를 목격하고 체험하는 은혜를 누렸다.

나는 산봉우리와 마른 가지를 찾아다니며 횃불에 불을 붙이는 사역으로 인생의 황금기를 보냈다. 어쩌면 내 인생은 "횃불"로 정의되고 요약될지 모른다. 그러나 아직 이야기는 끝나지 않았다. "횃불을 든 사람"으로 불리던 내가 고향을 찾아 돌아오는 동족을 위해 밥을 짓고, 잠잘 곳을 마련하게 된 이야기를 들려주고자 한다.

나는 세계 곳곳을 다니며 수많은 한인 디아스포라를 만났다. 그들의 살아온 인생 이야기를 들으며 참 많이도 아팠고, 큰 도전을 받기도 했다. 시대가 다르고, 살아온 환경이 다를지라도 그들의 역사는 곧 내 역사로 쉽게 받아들여졌다. 이질감이 느껴지지 않았기 때문이다.

　16세기가 종교 개혁의 시대, 18세기가 대각성 운동의 시대였다면, 20세기는 성령 운동이 이끄는 교회 부흥의 시대였고, 21세기는 디아스포라 운동의 시대가 될 것이다. 하나님은 아브라함과 요셉과 다니엘로 대표되는 유대인 디아스포라들을 통해 성경 역사를 만들어 오셨다. 이제 하나님은 친히 흩뿌리신 한민족의 후예를 통해 새 역사를 만들어 가실 것이다.

목차

1

매화梅花는
제일 먼저
꽃을 피운다

/ 하나님의 정성에 물들다 /

3

국화菊花는
추위를 이기고
꽃을 피운다

\ 십자가에서 흐르는 보혈을 따라가다 \

4

대나무竹는
하늘을 향해 곧게 자라며
언제나 푸르다

다시 부르시는 하나님

하나님이 큰 구원으로

당신들의 생명을 보존하고

당신들의 후손을 세상에 두시려고

나를 당신들보다 먼저 보내셨나니

그런즉 나를 이리로 보낸 이는

당신들이 아니요 하나님이시라

창 45:7-8상

매화梅花는

제일 먼저

꽃을 피운다

1

| 하나님의 정성에 물들다 |

그는 돋는 해의 아침 빛 같고

구름 없는 아침 같고

비 내린 후의 광선으로

땅에서 움이 돋는 새 풀 같으니라 하시도다

삼하 23:4

날 밝기 전이 가장 어둡다고 했던가. 해방되기 1년 전인 1944년, 소년들은 학도병으로, 소녀들은 정신대로 끌려갔고, 쌀은 대부분 군량미로 빼앗겼으며, 석간신문은 모조리 폐간되었다. 제2차 세계대전에서 독일, 이탈리아와 함께 추축국(樞軸國)을 이루었던 일본은 미국, 영국, 프랑스 등 연합국에 밀리자 최후의 발악으로 우리 밥숟가락까지 빼앗아 무기를 만들었다.

나는 그해 3월 일제 강점의 암흑이 가장 짙던 때에 태어났다. 그리고 이듬해 아장아장 걸을 때 광복을 맞았다.

내가 태어나고 자란 서울 종로구 홍파동 2번지는 흔히 관상대(觀象臺)로 불리던 경성 측후소(京城 測候所) 언덕 아래 있었다. 인왕산에서 뻗어 내려온 줄기의 언덕으로 지금은 그곳에 기상청 서울관측소가 있는데, 거기서 동쪽 아래를 내려다보면 경희궁 숭정전이 자리하고 있다.

경희궁의 원래 면적은 7만 평 정도로 지금의 3배가 훨씬 넘었다고 한다. 일제가 1910-1920년대에 거의 모든 전각을 헐고, 그 자리에 일본인 자녀들이 다니는 경성중학교와 조선총독부 전매국 관사를 짓고, 새문안길을 내는 등 쪼개고 자른 탓에 작아진 것이다.

우리 동네는 경희궁 터에 들어선 비교적 신생 마을이라 그런지 한적했다. 1910년대 중반까지 아랫동네인 교남동에 독일 영사관이 있었기 때문에, 당시 독일인들이 지은 서양식 빨간 벽돌집이 동네에 많았다.

우리나라 최초의 여류 성악가 윤심덕의 집도 근처에 있

었다. 1926년에 윤심덕이 극작가 김우진과 함께 현해탄에 몸을 던지고 난 뒤라 가족들만 살고 있었는데, 그 집 거실에는 빨간 카펫 위에 그랜드피아노가 놓여 있었다.

우리 집은 민족정신을 일깨우고 의병 항쟁을 자세히 보도했던 〈대한매일신보〉의 발행인이자 편집인인 영국인 베델(E. T. Bethell)이 살던 저택이었다. 할아버지가 베델에게서 직접 매입하셨다고 한다.

그 집은 관상대가 서 있던 언덕 아래에 있었는데, 8남매의 장남인 아버지가 분가하기 전까지 할아버지를 모시고 살던 본가로 증조모, 증종조모, 진외증조모 등 세 분의 왕할머니부터 조부모와 부모와 세 명의 삼촌과 다섯 명의 고모와 나까지 대가족이 함께 살았다.

대문에서 중문을 거쳐야 집으로 들어갈 수 있었는데, 어린아이 걸음으로는 너무 멀게만 느껴졌다. 중문에는 응접실과 통하는 아름다운 정원이 있었다. 봄이면 라일락이 소복하게 피었고, 겨울이면 푸른 사철나무에 빨간 열매가 달리곤 했다. 응접실에는 할아버지를 찾아온 손님들이 늘 자리 잡고 있었다.

어느 날, 장독대가 놓인 큰 마당에 있던 키 큰 가죽나무가 벼락을 맞았다. 그 부러진 몸통에 할머니가 가마니를 덮어 두셨는데, 얼마 지나서 들춰 보니 그 밑에서 느타리버섯이 자라고 있었다. 죽은 나무에서 새 생명이 움트다니…. 어린 나이인 내가 경외감이 느껴질 정도였다.

세 왕할머니는 모두 독실한 신자이셨다. 아펜젤러(H. G. Appenzeller) 선교사가 우리나라에 처음 개신교를 전할 때부터 믿었던 믿음의 첫 세대이시다. 우리나라 최초의 감리 교회인 정동교회에 다니다가 새문안교회를 다니셨는데, 날마다 해질 무렵이면 세 분이 뒷동산에 올라 해가 지는 서쪽을 바라보며 방언으로 기도하셨다. 서쪽에는 독립문과 서대문 형무소가 있었다. 해방되기 전부터 그곳을 바라보며 날마다 나라와 민족을 위해 기도해 오셨던 것이다.

이따금 친할머니가 내 손을 잡고 언덕길을 내려와 골목 어귀에 있는 마당 넓은 집에 데려가시곤 했다. 이제 막 한글을 배운 터라 눈에 띄는 글자를 죄다 읽곤 했는데, 그 집 대문가에 놓인 널조각에는 '예배당'이라는 글자가 쓰여 있었다. 안으로 들어가니 넓은 방에 한복을 입은 여인들이 삼삼

오오 앉아 말씀을 읽거나 기도하고 있었다. 아마도 적산 가옥(敵産家屋)을 개조한 교회였던 것 같다. 나는 증조할머니 곁에 앉아 말씀을 듣기도 하고, 마당에 나가 뛰어 놀기도 했다. 이때가 교회를 처음 접한 순간이었다.

지금은 언덕의 집들이 다 헐리고 월암근린공원이 조성되어 있는데, '홍난파 가옥'만이 등록문화재로 보존되어 있다고 한다. 〈고향의 봄〉을 작곡한 홍난파 선생이 1941년에 사망하기 전까지 약 6년간 살았다는데, 바로 우리 집이 있던 자리라 언젠가 한번 꼭 찾아가 보고 싶다. "나의 살던 고향은 꽃 피는 산골 / 복숭아꽃 살구꽃 아기 진달래 / 울긋불긋 꽃대궐 차린 동네 / 그 속에서 놀던 때가 그립습니다"라는 노랫말처럼 할머니, 할아버지의 품에서 놀던 그때가 그립다.

증조할아버지는 구한말 우리
나라와 중국을 오가며 사업과 함께 외교적인 역할도 하셨
다. 일본에 나라를 빼앗기고, 세월이 어수선한 때에 증조할
아버지는 경기고등학교를 갓 졸업하여 스무 살도 안 된 아
들(나의 친할아버지)을 경기여고를 졸업한 신여성과 결혼시키
셨다. 사돈은 북경대를 졸업한 유학파로 해외문물에 밝은

지식인이었는데, 외동딸(나의 친할머니)을 일찌감치 학교에 보내 공부시킬 정도로 시대를 앞선 인물이었다. 증조할아버지와 진외증조할아버지는 의기투합하여 하와이의 독립운동가들과 교류하며 독립운동에 힘쓰셨다.

친할머니는 소싯적에 짧은 치마를 입고 테니스를 치다가 주변으로부터 그러다가 시집 못 간다는 걱정을 듣곤 하셨다고 한다. 그런데 오히려 일찍 결혼하여 열아홉 살짜리 남편에게 아들(내 아버지)을 안겨 주셨다. 그 옛날, 오븐에 프랑스 요리를 즐겨 하셨던 할머니는 쾌활하고 꾸밈없는 분이셨다. 해질녘 왕할머니들이 동산에 올라 방언 기도를 하시면, 그 소리를 듣고 도통 무슨 말인지 못 알아듣겠다며 까르르 웃곤 하셨다. 그러면서도 성경책을 손에서 놓지 않으셨고, 교회를 우선으로 삼으셨다. 하나님께 정성을 다하시는 친정어머니(나의 진외증조할머니)의 모습을 보고 배운 덕분에 일평생 예수님 품 안에서 신실하게 사셨던 것 같다.

친할아버지는 중국에서 사업을 하다가 파산한 선친의 뒤를 이어 사업가가 되셨다. 사업 수완이 출중하여 오래지 않아 빚을 모두 갚으셨다. 비단 사업을 거쳐 메리야스 제조업에 뛰어들어 서울평창직유공업사를 설립하고, 서울에서 메리야스 공장을 처음 세우셨다. 할아버지가 만드신 무궁화 표 메리야스는 백양의 전신인 한흥 메리야스와 쌍방울의 전신인 삼남 메리야스와 더불어 당시 대표적인 상품이었다. 얼마나 사업에 정성을 쏟으셨던지 직원들의 점심을 일일이 챙겼으며, 6.25 전쟁 때도 30여 명의 직원과 함께 트럭 세 대에 방직 기계를 싣고 부산으로 피난하여 일을 계속하실 정도였다.

19세기 중반에 프랑스 선교사들이 촘촘히 짜여 신축성 있는 메리야스를 우리나라에 처음 소개했다고 한다. 얇고 가벼우면서도, 두툼한 목화 솜옷 못지않게 따듯한 메리야스에 놀란 사람들에게 복음을 적극적으로 전했다고 하니 메리야스가 선교의 도구로 쓰였던 셈이다. 할아버지가 이러한 사연을 알고 메리야스 사업을 시작하셨는지는 알 수 없지만, 이처럼 우리 삶이 알게 모르게 하나님의 사업과 연관되어 있다는 사실이 흥미롭다.

메리야스 사업뿐 아니라 모직도 생산하여 진명여고에 교복을 납품하고, 미군에 식자재를 공급하는 등 여러 가지 사업을 하여 성공하셨다. 그러면서도 검소하게 생활하여 평소 자가용보다는 전차를 이용하셨다고 한다. 그러다가 흔히 '쓰리코타'(three quarter)로 불리던 소형 트럭에 치이는 불의의 사고로 돌아가셨지만 말이다.

타고난 사업가이신 할아버지는 예술에도 조예가 깊어 서예의 대가로 알려진 해강(海岡) 김규진 선생에게서 붓글씨를 배우셨고, 남산골에서 시화(詩話)를 나누던 가난한 양반들에게 쌀을 대주며 뒷바라지를 하기도 하셨다. 사업이 번창할수록 더 많이 베풀어 100여 명의 장학생을 후원하셨고, 일제 강점기에는 김구 선생과 교류하며 물심양면으로 독립을 위해 일하셨다.

내 아버지는 1919년 3월 1일 즈음에 태어났는데, 당시 열아홉 살 피 끓는 청춘이었던 할아버지는 증조할아버지와 진외증조할아버지와 함께 독립선언문 인쇄를 돕고, 만세를 외치다가 투옥되는 바람에 갓난 첫아들을 품에 안아 보지도 못하셨다고 한다. 그때 일로 할아버지는 장남인 내 아버지를 평생 끔찍이도 아끼고 사랑하셨다.

또 할아버지는 외동딸인 아내(내 할머니)를 위하여 홀로되신 장모를 집에 모시고, 자손 없이 홀로되신 큰어머니를 양어머니로 모시어 한 집에서 세 어머니를 부양하며 살 만큼 마음이 넉넉하고 사랑이 깊으신 분이었다.

매일 나라와 민족을 위해 기도하던 세 분의 왕할머니는 할아버지가 화신백화점에 납품하는 배자(褙子) 일감을 받아 손바느질로 돈을 벌어 개척 교회의 건축 헌금으로 내기도 하셨다. 손수 한 땀, 한 땀 놓는 정성은 몸으로 드리는 기도와도 같았다. 특히 8남매의 장남인 큰 손주(내 아버지)를 위해 열심히 기도하셨다. 교회 일보다는 사업에 더 몰두하셨던 할아버지도 장남을 위해서는 누구보다도 열심히 기도하셨다. 하나님께 드리는 기도는 결코 땅에 떨어지지 않는다는 것을 세 왕할머니와 할아버지를 통해 배웠다. 그분들의 기도 덕분에 후손이 모두 믿음의 대를 이어 가고 있으니 말이다. 그러한 기도의 바탕 위에서 내가 태어났으니 나는 얼마나 행복한가.

처마 끝에서 물이 떨어지면, 그 밑의 흙이 파이는 법이다. 그런데 어머니가 보시니 팬 자리에서 되레 물이 퐁퐁 솟아났다. 어머니가 신기해서 흙에 손을 대니, 대는 자리마다 물이 솟아났다. 그렇게 해서 10여 군데에서 물이 퐁퐁 올라왔다.

"어머나, 신기해라. 물이 맑기도 하네."

그 순간, 시외할머니의 목소리가 들려왔다.

"아가, 일어나서 미역국 한 술 뜨렴."

나를 낳느라 온 힘을 쏟은 어머니가 지쳐 잠들었다가 꿈을 꾸신 것이었다. 그것이 나의 태몽이었다. 어머니는 나중에서야 그 의미를 알게 되셨다.

"형자야. 이제 보니 그 솟아나는 물이 횃불회 사역이었나보다. 성경에서 물은 말씀을 의미하지 않니? 말씀 사역이 바로 네게 주신 사명이었어."

어머니 말씀대로 하나님은 내가 태어나기도 전부터 믿음의 횃불이 번져 가는 모습을 보셨는지 모른다.

대여섯 살 때쯤 우리 가족은 본가에서 분가하여 충정로 쪽으로 이사했다. 만리동의 감나무가 많은 산에 할아버지가 집을 몇 채 지으셨는데, 그중 한 채로 이사한 것이다. 그곳에서 난 감은 대대로 왕에게 바쳐졌다고 한다. 지금은 '손기정체육공원'으로 불리는데, 1936년 제11회 베를린 올림픽 마라톤 대회에서 올림픽 신기록을 세우며 우승한 손기정 선수가 히틀러 총통에게서 받은 월계수 묘목이 거기에 심겼기 때문이다. 이 나무는 '손기정월계관기념수'로 이름

붙여졌고, 1982년에 천연기념물로 지정되었다.

　내가 살아 계신 하나님을 처음 체험한 것은 바로 그 무렵이었다. 아버지는 분가하자마자 나를 집에서 내려다보이는 곳에 있는 기독교 유치원에 보내셨다. 당시에는 보기 드물게 빨간 벽돌로 반듯반듯하게 지어진 특이한 건물로, 나중에 알고 보니 1892년에 우리나라 최초로 지어진 고딕식 건물로 근대 건축사의 중요한 사적이라고 한다. 1998년 2월 화재 사고로 TV 뉴스에 나온 적이 있는데, 수십 년 만에 보는 것인데도 한눈에 알아볼 수 있었다.

　당시 유치원에 등원할 때는 문 앞에서 두 손을 모으고 기도하면서 교실에 들어가야 했다. 문 앞에는 선생님들이 서 있었다. 그날도 여느 때처럼 교실에 들어가기 위해 줄을 섰다. 그런데 갑자기 주변이 온통 황금빛으로 빛났다. 아름다운 빛이 내뿜는 따스한 기운에 나도 모르게 두 팔을 벌리고 춤추듯 빙그르르 돌았다.

　"보세요! 빛이 반짝여요!"

　친구들은 재미난 듯 나를 쳐다보며 까르르 웃었다. 나도 방긋 웃으며 아이들을 쳐다봤다. 온 세상이 빛으로 가득했고, 하늘도 나무도 친구들도 선생님들도 모두 아름다워 보였다. 유리창에 반사된 노란 햇빛이 천국의 빛처럼 황홀하게 보였다. 그 빛 가운데서 예수님을 느낄 수 있었다. 그것이 살아 계신 하나님과의 첫 만남이었다.

그때 내 모습을 본 선생님들이 어머니를 찾아와 "형자가 주님이 주신 특별한 경험을 한 것 같으니 잘 키우십시오"라고 말해 주었다고 한다. 어머니는 그 말을 마음에 담아 두셨다.

그 후에 무슨 사건 때문인지는 몰라도 유치원 선생님 두 분이 우리 집으로 피신하는 일이 있었다. 마침 아버지가 마련해 두신 방공호가 있어서 두 분을 그곳에 모실 수 있었다. 이틀쯤 지내다가 다른 곳으로 가셨는데, 직후에 6.25 전쟁이 터진 것을 보면, 아마도 전쟁의 조짐이 있어서 몸을 피했던 것 같다.

전쟁이 일어나기 1년 전, 1949년 6월 26일, 백범 김구 선생이 경교장에서 안두희의 총탄에 맞아 사망했다. 7월 5일에 국민장이 거행되었는데, 120만 명이 흰 상복을 입고 거리로 나와 길을 가득 메웠다. 그렇게 많은 사람들이 모인 것은 태어나서 처음 보았다. 상여가 지나가자 전차에 타고 있던 사람들까지 내려서 땅을 치며 울었다. 울음이 공기를 타고 전염되기라도 한 듯 나도 모르게 눈물이 났다. 어쩌면 곧 일어날 참혹한 전쟁을 미리 슬퍼하게 하신 것인지도 모를 일이었다.

　　　　　　우리나라는 제2차 세계대전이
종전된 후에도 미국과 소련의 신탁을 찬성하는 쪽과 반대
하는 쪽으로 나뉘어 첨예하게 대립했다. 결국, 1948년 남한
단독으로 대한민국 정부를 수립했다. 1950년 6.25 전쟁이
발발하기 전까지 남북한 이념 갈등이 악화일로를 치달았
고, 온갖 편법과 부패가 사회에 만연했다.

아버지는 일본 도쿄에 있는 게이오대학(慶應義塾大學)에서 정치외교학을 공부하셨다. 어머니도 같은 시기에 일본에서 가정학을 공부하셨는데, 두 분이 만나 유학 시절에 결혼하셨다. 아버지는 귀국하여 외자 관리청의 국장이 되셨다. 외자 관리청은 우리나라에 수입된 외국 원조 물자에 관한 관리 및 배당 사무를 관장하던 곳으로 지금의 조달청에 해당한다. 당시에는 특히 미국과의 업무가 많아서 외무부의 역할까지 겸했다.

사업가이신 할아버지는 뇌물을 주고받는 일이 어느 분야에서든지 비일비재하게 일어난다는 사실을 너무나 잘 아셨다. 그래서 사랑하는 장남이 자칫 그런 불미스러운 일에 엮일까 봐 노심초사하셨다. 큰돈이 오가는 외자 관리청의 국장이니 얼마나 유혹이 많았겠는가.

할아버지는 마음과 정성을 다해 키운 장남이 탐관오리가 되지 않고, 믿음 안에서 청렴결백하게 살기를 간절히 바라셨다.

"돈은 아버지가 벌어서 줄 테니, 너는 대학에서 학생들을 가르치는 일을 해라."

그러나 아버지는 성실함과 영민함으로 능력을 발휘하며, 자기 분야에서 인정받는 것에 감사하고 계셨다. 게다가 할 아버지로부터 독립하여 한 가정의 가장으로서 보란 듯이 성공하고 싶은 마음도 있으셨을 것이다. 이렇듯 아버지는 올곧은 마음가짐으로 일하셨고, 우리 가족은 아버지의 듬 직한 울타리 안에서 행복한 나날들을 보냈다. 적어도 그 끔찍한 일이 터지기 전까지는.

1950년 6월 25일, 12시도 아닌데 느닷없이 사이렌이 울렸다. 무서운 일이 일어날 것만 같았다. 어머니가 분주히 움직이며 옷을 챙기셨다.

"얘들아, 이리 온. 어서 가야 해."

부랴부랴 옷을 챙겨 입고, 온 가족이 서둘러 방공호로 피신했다. 어린 나이에도 매우 심각한 상황임을 알 수 있었다. 곧 홍파동 본가로 피신했다. 감나무 밭을 지나다가 충격적인 장면을 목격했다. 인민군이 감나무 밑에 구덩이를 파 놓고, 그 앞에서 한 사람씩 총을 쏴 구덩이에 떨어뜨리는 것이었다. 사람의 몸뚱이가 후드득 하고 떨어져 씨처럼 흙 속에 묻혔다. 공포에 질려 아무 소리도 낼 수 없었다. 사람이란 얼마나 무서운 존재인지를 그 순간에 깨달았다.

서울에 들이닥친 인민군이 남자들을 닥치는 대로 끌고 간다는 소문이 났다. 낙원동에 피신하셨다는 아버지의 생사를 확인하기 위해 어머니가 나를 데리고 집을 나섰다. 한여름에도 얼음이 얼 정도로 차가운 우물이 있어서 찬우물골로도 불리던 교남동을 지났다. 백범 김구 선생이 집무실과 숙소로 사용했던 경교장을 지나 낙원동으로 향했다.

낙원동 인쇄물 창고에 계신 줄 알았는데, 아버지가 안 계셨다. 다행히 화신백화점으로 무사히 피신하셨다는 소식을 듣고 집으로 돌아왔다. 우리는 친가를 따라 아버지의 외가 산소가 있는 오금리로 피신했다. 묘지기가 넓은 땅을 소작하며 과수원을 하고 있었다. 거기 있는 동안에는 묘지기의 소 마차에 숨어서 이동하곤 했다.

더글러스 맥아더(Douglas MacArthur) 최고 사령관이 이끄는 UN군이 인천 상륙 작전에 성공하자 전세가 역전되어 서울이 90일 만에 수복되었다. 그러나 기쁨도 잠시, 팽팽한 긴장감이 시내를 가득 채우고 있었다. 어머니를 따라 길을 걷다가 끔찍한 장면을 목격하기도 했다. 미군들이 지나는 사람들을 향해 총을 겨누고 서 있었다. 그런데 갑자기 한 미군 병사가 어떤 사람을 불러 세우더니 몸수색을 하기 시작했다. 그 사람이 수류탄을 숨기고 있었던 모양이다. 병사들이 소리를 지르더니 즉시 그를 총살해 버렸다. 나는 총소리에 놀라 그 자리에서 얼어붙고 말았다. 어머니가 나를 안고 걸음을 재촉하셨다.

이듬해에 1.4 후퇴가 시작되자 우리 가족은 미국 정부가 외무 실무자들에게 마련해 준 배를 타고 부산으로 피난했다. 아버지가 외자 관리청 직원과 그 가족들을 이끄셔야 했으므로, 비교적 안전하게 이동할 수 있었다. 할아버지와 친가 식구들은 트럭을 타고 육로를 통해 부산으로 향했다.

전쟁 기간에는 부산이 임시 수도 역할을 했다. 나는 부산에서 초등학교에 입학했다. 주일이면 천막교회에서 예배를 드렸고, 아버지가 공부하시던 곳 옆에 저수지가 있어서 아버지 곁에서 놀곤 했다. 세 살 위 삼촌과 동네를 걸어 다니다가 멍게 잡는 것을 구경하기도 하고, 서울에서는 보지 못했던 진기한 풍경들을 실컷 볼 수 있었다. 누군가가 내 손에 호두알만한 열매를 쥐어 주며 먹어 보라고 했다. 태어나서 처음 맛보는 달콤한 맛이었는데, 나중에 알고 보니 고욤나무 열매였다. 지금도 그때 느꼈던 달콤함을 잊을 수가 없다. 이렇듯 어린 내게 부산은 전쟁을 잠시 잊을 정도로 재미난 곳이었다.

　　　　　　　어느 날, 부산 집으로 이태희
검찰총장(8대)과 이형섭 이화여대 교수가 아버지를 찾아왔
다. 이태희 검찰총장은 아버지의 대학 선배이고, 이형섭 교
수는 검찰 출신이었는데, 아버지에게 외자 관리청을 그만
두고, 이화여대에서 학문을 연구하며 여성 인재들을 교육
하는 게 어떻겠느냐고 제안하러 온 것이었다. 아버지의 온

화한 학자형의 성품을 잘 아는 분들의 권유라 아버지도 진지하게 들으셨고, 고민 끝에 인생의 진로를 바꾸기로 결심하셨다. 평소 외자 관리청에서 일하는 것을 마뜩치 않게 여기시던 할아버지의 염려도 이 결정에 큰 몫을 했을 것이다.

당시 이화여대가 부산시 부민동에 임시 가교 27개 동을 짓고 개강한 상태라 바로 학교를 방문하여 김활란 총장과 이야기를 나눈 후 신설된 법정대학의 조교수로 임용되셨다. 김 총장과 할아버지가 친분이 있으셔서 학교에 적응하는 데는 큰 어려움이 없으셨다.

전쟁이 끝나고 서울로 돌아온 후에는 이화여대 후문에서 가까운 서대문구 대신동으로 이사했다. 할아버지가 60세 전에 교통사고로 갑자기 돌아가셨는데, 장남인 아버지는 할아버지의 유지를 받들어 사업을 물려받지 않고, 평생 교수로 청렴하게 사셨다. 법정대 학장을 두 번 역임하며 40년간 근속하셨는데, 어머니가 '살아 있는 이대 박물관'이라고 놀리실 정도로 72세에 돌아가실 때까지 완벽한 이화인으로서 학교에 정성을 쏟으셨다.

어머니는 천성이 밝고 유쾌한 분이셨는데, 살림을 똑소

리 나게 잘하셨다. 음식 솜씨가 좋은데다가 손이 크셔서 김치를 많이 담가 가난한 이들에게 나눠 주기를 좋아하셨다. 게다가 교수 월급만으로 5남매를 키워 낼 정도로 생활력이 강하셨다. 집에 양계장을 갖추고 닭을 180마리나 키우셨는데, 계란을 내다 팔기도 하고 닭똥을 썩혔다가 나무와 꽃에 비료로 주시곤 했다.

이화여대 교수들이 옹기종기 모여 살던 대신동 교수촌에서 우리 집은 장미나무가 많기로 유명했다. 어머니는 일일이 고른 70그루의 다양한 장미나무 가운데 네 딸에게 각각 어울리는 나무를 선별하여 근사한 이름까지 붙여 주셨다.

"형자야, 이 장미가 너를 꼭 빼닮았구나. 이 나무의 이름은 '퀸엘리자베스'로 하자."

밤이면 장미나무로 둘러싸인 잔디밭에서 어른들이 모여 이야기를 나누는 동안에 아이들은 한쪽에 옹기종기 모여 어른들의 대화를 듣는 것이 소소한 재미였다.

어머니는 장미 외에도 수세미, 박 등 다양한 식물을 기르셨다. 제각기 다른 식물들의 특성을 파악하고 기르신 것을 보면, 어머니가 자녀들의 은사를 알아보고 저마다 다른 교육을 시키신 것이 이해가 된다.

큰딸인 나에게서는 미술의 재능을 발견하시고, 일찌감치 제대로 된 교육을 받게 하셨다. 현대 동양화단의 대표적인 작가인 박노수 교수에게서 사사 받게 하시고, 중학교 때 대한민국미술전람회(약칭 국전)에 나가 입선하여 최연소 신인 작가가 되게끔 이끌어 주셨다. 둘째 영기는 영특하고 공부를 잘했다. 특히 시를 잘 써서 동아일보에 동시를 발표했는데, 그 동시가 노래로 만들어지기도 했다. 셋째 형기는 말과 노래를 잘했다. 특히 영어에 은사가 있어서 영시를 즐겨 암송하고, 음악에 재능이 있어서 형제 중에서 유일하게 피아노를 배울 수 있었다. 넷째 아들의 교육은 아버지에게 맡기셔서 신사의 품격을 배우게 하셨다. 막내 여동생은 손재주가 좋은 것에 주목하여 도자기를 굽게 하셨다. 이처럼 어머니는 우리 5남매를 한 덩어리로 보신 적이 없었다. 늘 한 사람씩 따로 보시고, 다르게 교육하셨다.

어머니나 아버지나 두 분 모두 공부보다는 인성을 중요하게 여기셨다. 그래서 성적표를 보신 적이 없었다. 늘 "착하게 살아라. 예수님을 잘 믿어라. 성실하게 생활해라"라고 말씀하시는 게 전부였다. 셋째 형기는 몸이 허약해서 결석이 잦았지만, 그것 때문에 염려하거나 꾸짖으신 적이 한 번도 없었다.

아버지는 뜨겁게 믿는 신앙인은 아니었지만, 매주 교회에 빠지지 않으셨고, 이대 중강당에서 김활란 총장이 강의하는 성경 교실에 늘 어머니와 나를 데리고 다니셨다. 어머니는 우리와 매일 가정예배를 드리셨고, 어릴 때부터 예수님에게 편지를 쓰게 하셨다. 그게 습관이 되어 고등학교 때는 하나님과 대화를 나누는 일기를 쓰기도 했다.

당대 최고의 여성 리더를
보고 배우다

부산에서 서울 충정로 집으로 돌아와 미동초등학교에 다니던 나는 아버지가 교수로 계시는 이화여자대학교 근처 서대문구 대신동으로 이사하면서 이화여대 사범대학 부속중학교에 입학했다. 1958년에 설립되었는데 한 학년에 2학급씩 전체 6학급에 불과했다. 게다가 우리나라 최초로 남녀공학에 합반 수업을 실시했다. 민주

주의 교육을 실천하는 모범학교로 지정된 덕분이었다. 나는 학생 투표를 통해 회장으로 선출되었는데, 그 당시 여학생이 남학생을 제치고 회장이 되었다는 사실만으로도 큰 화제가 되었다.

중학교 때부터 아버지를 따라 대학 교회에서 예배를 드렸다. 당시 김활란 총장은 모든 여성의 롤모델이었다. 게다가 만나는 어른들마다 "김활란 박사", "김활란 총장"을 입에 올리며 선망의 대상으로 삼으니 그분이 더욱 궁금해졌다. 나는 당대 최고의 여성 리더를 가까이에서 보고 싶었다. 그래서 대학 교회에 설레는 마음으로 출석했고, 주일 아침에 김 총장이 인도하는 성경 공부 모임에도 참여했다. 김 총장은 직접 피아노를 치며 찬양을 인도했고, 누구보다도 간절하게 기도했다. 그 모습에서 그분의 믿음의 열정을 느낄 수 있었다.

같이 어울릴 만한 또래 학생이 거의 없었지만, 김 총장의 믿음의 헌신과 섬김을 가까이에서 지켜보면서 부드러우면서도 강인한 리더십을 배웠고, 경건한 생활을 본받을 수 있었다.

고등학교 1학년 때는 청년들과 함께 대신교회의 개척을 돕기도 했다. 대신동 위쪽 안산에서 천막교회를 세우고 예배드리던 대신교회가 이대부고 옆에 예배당을 지을 때 십시일반의 심정으로 도왔던 것이다.

그러면서 교회 개척이 얼마나 어려운가를 경험했고, 섬기며 희생하는 팔로워십(followership)이 무엇인지를 배웠다. 또한 새로운 길을 열고 나아가려면, 수많은 난관과 어려움을 각오해야 하며 겸손한 태도로 앞장서서 지혜를 구하는 것이 필요하다는 것을 배웠다.

어느 날 대신교회에서 아이를 잃는 사건이 일어났다. 슬픔에 잠긴 엄마를 돕기 위해 헌금을 하자고 제안했더니 평소 근엄한 모습의 김활란 총장이 흔쾌히 허락해 주셨다. 신음 소리에 귀 기울이고 작은 자를 기꺼이 돕는 섬김의 마음에 또 한 번 감동했다.

김활란 총장은 1920년대 학생 시절부터 전도대를 조직하여 농촌을 돌아다니며 전도하던, 용기와 신념으로 똘똘 뭉친 신앙인이었다. 전국의 복음화가 간절한 기도 제목이어서 이화여대 캠퍼스 안에 '다락방'을 짓고, 그곳에서 기도와 성경 공부 모임을 가지며 전도대회를 준비하셨다. 무엇보다도 교수들의 영적 성장에 관심이 커서 교수 부부를 대상으로 성경 공부 모임을 만들고, 예배를 드리게 했다.

어느 날, 다락방 모임에서 김활란 총장이 교수 사모들에게 새벽 기도회의 필요성을 역설하며 한 사람도 빠지지 않고 참여할 것을 간곡히 부탁했다.

"따르릉 전화벨이 울리거든 깨우는 신호로 알고, 새벽 기도회에 참석하세요. 전원 참석해 주시기 바랍니다."

다음날 새벽, 나는 아침에 내리는 만나를 기대하는 심정으로 서둘러 채비했다. 늦을까 봐 어머니를 깨우지도 않고, 곧장 다락방으로 향했다. 그런데 그 자리에 나온 사람은 김활란 총장과 나뿐이었다. 아무리 기다려도 한 사람도 모습을 나타내지 않았다. 얼마 동안 침묵이 흘렀다. 김 총장은 못내 서운하신 듯했다. 그러나 곧 기운을 내어 입을 여셨다.

"우리 둘이 기도하자. 네가 먼저 기도하렴. 그다음에 내가 하마."

존경하는 분과 단 둘이 예배를 드리게 되다니…. 나는 가슴이 콩닥거렸다. 어렵게 입을 열어 기도하기 시작했다. 그런데 이상하게도 한 가지 고백만 계속해서 나왔다.

"주님 뜻대로 하옵소서."

그 후로도 얼마 동안 김 총장과 일대일로 성경 공부를 하고, 작은 기도회를 가지곤 했다. 단발머리 여고생과 원로 전도자가 함께 기도하는 모습을 그 누가 상상이라도 했을까? 그때 일을 계기로 새벽 기도의 의미를 깊이 깨닫고, 새벽에 더욱 열심을 내어 기도하게 되었다.

이처럼 청소년 시절의 신앙에 가장 큰 영향을 준 이가 바로 김활란 총장이다. 그분의 신앙과 전도의 열정, 순수한 마음과 경건한 태도에서 많은 은혜를 받았다. 그 시절, 내게 김활란 총장은 신앙의 스승이요 삶의 본을 보여 준 분이었다.

─ 머리카락 한 올 차이로 생명을 얻다 ─

       나는 어릴 때부터 그림을 매우 좋아했다. 내 재능을 발견한 어머니는 중학교 때부터 개인 레슨을 받게 해주셨다. 한국화의 새로운 경지를 개척한 한국화단의 거장으로 일컬어지는 박노수 교수에게서 사사를 받았고, 신문인화 운동을 이끌어 현대적이며 한국적인 수묵화를 창조하였다는 평을 듣는 월전(月田) 장우성 화백에게서 1년간 사사를 받기도 했다. 특히 장 화백은 한국적 성화(聖畵)를 그리는 작가로 유명하며, 한복 차림에 한국인의 얼굴을 한 성모 마리아와 아기 예수를 그린 〈성모자〉(聖母子)가 로마 교황청의 바티칸박물관에 전시되기도 했다.

나는 화단의 뛰어난 선생님들로부터 지도를 받고, 미술 전시회를 두루 찾아다니며 장차 미술대학에 진학해 꿈을 펼쳐 나갈 준비를 했다. 대학은 두말할 필요도 없이 김활란 박사가 있는 이화여자대학교를 가야 했다. 그래야 김 총장이 이끄는 전국복음화운동본부에 적극 참여할 수 있기 때문이었다.

이화여대 동양화과에 실기 점수 만점으로 합격했다. 학기마다 실기 과목은 늘 A를 받을 정도로 수묵화에 분명한 재능이 있었다. 그런데 나의 관심은 점점 더 먼 곳을 향했다. 세계적인 예술의 나라, 프랑스에 동양화 미술관을 건립하고 싶은 꿈이 생긴 것이다. 서방에 동양 미술의 아름다움을 알리고 싶었다. 그 꿈을 이루기 위해 1학년 때부터 프랑스 유학을 준비하기 시작했다.

2학년 봄이 되었다. 봄이면 찾아오는 큰 행사가 있었다.

미국의 열정적인 복음 전도자 해리 덴만(Harry Denman) 박사가 매년 5월, 9월에 내한하여 이화여대에서 부흥회를 열었던 것이다. 그는 김활란 총장의 친구이자 빌리 그레이엄(Billy Graham)의 친구로 "복음을 위한 위대한 멘토"로 불렸다. 예순을 넘긴 흰머리 노신사의 열정적인 복음 선포에 학생들이 성령의 바람을 경험하곤 했다.

덴만 박사는 단벌 신사로 유명했다. 복음 전도 여행을 할 때 서류 가방 하나에 든 것은 파자마와 셔츠 한 벌, 속옷 한 벌, 양말 몇 켤레가 전부였다. 1976년 83세로 생을 마감할 때까지 단벌로 전 세계를 다니며 복음을 전했다.

봄바람처럼 생기 넘치는 부흥회를 기대하며 기도로 준비하던 어느 날 밤에 나는 이상한 꿈을 꾸었다. 넓은 길에 음악이 물처럼 흐르는데, 사방에 꽃이 만발해 있었다. 그리고 그 모든 것 위로 황금빛이 내려와 가득 채우고 있었다. 천국이 틀림없었다. 나는 넓은 길 위에서 대여섯 명의 친구들과 함께 덩실덩실 춤을 추었다. 그러다가 목이 마르던 차에 어떤 여인이 맛있는 포도주가 있다며 잔을 내밀었다. 시원하게 마시고 나서 주위를 둘러보니 아무도 없었다. 잠에서 깬 뒤에도 황홀한 느낌이 가시지 않았다. 그런데 그로부터 20여일 뒤에 진짜로 천국에 들어갈 뻔한 일이 생기고 말았다.

교정에서 산책하던 덴만 박사와 마주친 일이 있었는데, 그가 영어를 할 줄 아느냐고 내게 말을 걸어왔다. 그때 마침 내가 미국 시사 사진 잡지 〈라이프〉(LIFE)를 손에 들고 있었기 때문이다. 서툰 영어로 그분과 잠시 대화를 나누었다.

덴만 박사가 '다락방'에서 지내고 있으니, 다음 날 시간이 되면 만나서 이야기를 더 나누자고 했다. 세계적인 복음 전도자가 내게 무슨 이야기를 해 주려는 것인지 몹시 궁금했다. 집에 도착하자마자 마당에서 이끼가 묻은 예쁜 돌을 하나 집어 손수건에 고이 싸 두었다. 노신사에게 선물하려고 준비한 것이다.

그다음 날, 머리를 감고 제대로 말리지도 못한 채 급하게 버스를 탔다. 집에서 다락방까지는 한 정거장 거리였다. 그런데 버스에서 내려 빨리 가기 위해 버스 앞으로 지나다가 순간적으로 버스에 받혀 정신을 잃고 말았다.

곧바로 가까운 세브란스병원으로 옮겨졌다. 하지만 나는 혼수상태에 빠져 깨어날 줄 몰랐다. 어머니가 병원에 도착하셨을 때는 내 얼굴 위로 흰 천이 덮여 있었다고 한다. 당시 의술로는 달리 손쓸 방법이 없었던 것이다.

그런데 다행히 병원에 도착한 지 45분 만에 의식이 돌아왔다. 정밀 검사를 해 보니 머리카락 한 올 차이로 충격이 급소를 비껴간 것이었다. 자칫하면 즉사할 수도 있었다. 시간이 갈수록 두통이 심해졌다. 머리에 밥공기만한 혹이 나 있었다. 세브란스병원에는 한 달 정도 입원했다가 뇌신경 전공의가 있는 수도의과대학 부속병원(고려대 의대 부속 병원의 전신)으로 옮겨서 3개월을 더 입원해 있었다. 다행히 학과 공부는 계속했고, 학기는 정상적으로 마칠 수 있었다.

그러나 후유증으로 소리에 극도로 예민해지는 증상이 생겼다. 강의 소리가 거슬리기까지 했다. 결국 국전 준비를 포기하고, 프랑스 유학도 포기할 수밖에 없었다. 약 6개월 간 숨을 고르며 회복하는 동안에 나는 하나님과 깊은 교제를 나누었다. '내게 왜 이런 일이 일어났는지, 고난이 무엇이고, 은혜가 무엇인지' 하나님께 묻고, 말씀을 읽으며 답을 구했다.

만일 그때 교통사고가 일어나지 않았더라면, 나는 어떻

게 되었을까? 어쩌면 꿈을 이루어 프랑스에 동양화 미술관을 지었을지도 모른다. 아니면 미술인으로서 평범한 인생을 살았을지도 모른다. 그러나 주사위가 던져지듯 내 몸은 공중에 던져졌고, 내 삶의 방향키는 내 손을 떠나고 말았다.

"형자야, 사람이 꿈을 이루려 면 혼자보다는 둘이 낫단다. 결혼하여 남편이 밀어 주면 더 좋지 않겠니? 그러니 결혼에 관해서 한번 생각해 보아라."

평소에 말수가 적으신 아버지가 말씀하셨다. 그런 아버 지의 한마디는 다른 사람의 열 마디 말보다 더 무겁게 들리 곤 했다. 나는 아버지의 말씀을 잠잠히 새겼다.

4학년 졸업반이 되자 아버지가 나에게 선을 보라고 하셨다. 아버지의 제자인 김경희 교수가 동문 친구의 남동생과의 만남을 주선한 것이다. 수수한 인상의 김 교수님 추천이라면 괜찮은 가정의 자제이리라는 믿음이 갔다.

만날 약속을 잡기 위해 맞선 볼 남자가 먼저 전화를 걸어왔다. 수화기를 통해 전해지는 목소리를 들으니 그가 자존심이 꽤 강한 사람일 것이라는 예감이 들었다. 자기를 만나기 싫으면 관두라는 식으로 무뚝뚝하게 말했기 때문이다. 아무튼 우리 둘은 반도조선아케이드(지금의 조선호텔)에서 만나기로 했다.

맞선 날 약속 장소에 도착했다. 파이프 담배를 손에 든 한 남자의 뒷모습이 보였다. 키가 작고 까무잡잡한 피부에 다부져 보였다. 주변에 그처럼 얼굴이 가무스레한 사람이 없었던 터라 좀 낯설었다. 게다가 나와의 만남이 못마땅한가 싶을 정도로 무뚝뚝했다.

그런데 막상 대화를 나눠 보니 첫인상과 달리 동양화나 서양화에 관한 지식이 해박하고, 이야기가 끊기지 않을 정도로 대화를 부드럽게 잘 이끄는 사람이었다. 그야말로 반전이었다. 시간이 갈수록 마음이 편안해졌다. 그는 나보다 6살이 많은, 32세의 젊은 사업가로 우리 아버지처럼 8남매 중에 장남이라고 했다. 워낙 낚시를 좋아해서 피부가 까무스름해졌다고 말하며 겸연쩍어 했다.

아케이드에서 나오니 흰색 폭스바겐이 앞에 서 있었다. 운전석과 조수석에 나란히 앉아 우리 집까지 가는 동안에 짧은 이야기를 나누었다. 운전하는 모습을 보니 베스트드라이버 같았다. 데이트할 때마다 그가 늘 안전하게 집까지 데려다주었다.

남자다운 외모에 예술에 조예가 깊고, 대화가 잘 통하는데다가 운전 솜씨까지 좋으니 여러모로 괜찮은 사람 같았다. 우리는 만난 지 한 달 반 만인 6월 중순에 약혼해서, 이듬해 졸업식을 마치고 난 다음 달인 3월 말에 결혼식을 올렸다. 이로써 나는 사업가 최순영의 아내가 되었다.

이제 남편이 된 그가 다시 한 번 놀라운 반전을 보여 주었다. 평소에는 운전에 소질이 없어서 운전기사가 운전을 해주는데, 나와 데이트할 때만 직접 운전했다는 사실을 뒤늦게 안 것이다. 그러니 '나를 만나기 위해 운전할 때마다 얼마나 긴장했을까? 두려움을 내비치지 않으려고 얼마나 노력했을까?' 하는 생각에 안쓰러운 마음이 들었다.

그뿐 아니다. 모딜리아니, 몬드리안, 피카소, 김홍도, 김기창, 박노수 등 동서양을 넘나들며 논했던 화가와 작품들이 실은 며칠 동안 공부한 결과였다는 사실도 알게 되었다. 그동안 얼마나 열심히 공부했을까? 시간을 쪼개어 책을 읽고, 가뭇한 손으로 작품집을 넘기며 들여다봤을 것을 생각하니 웃음이 났다. 나의 마음을 얻기 위해 얼마나 노력했을까? 그 애틋한 마음을 몰라주면 얼마나 섭섭할까….

'혼자보다는 둘이 낫다'고 하신 아버지의 말씀이 비로소 이해되었다. 한 남자가 한 여자의 마음을 얻기 위해서 이렇게까지 마음 쓰고 정성을 기울이는데, 하나님은 우리 영혼을 구하기 위해 얼마나 큰 정성을 기울이시는가!

　　　　시댁은 일제 강점기에 이북 황해
도에서 정미소와 제유소를 운영하다가 광복이 되자 가산을
정리하여 월남한 가정이다. 시아버지는 2남 3녀 중 막내셨
는데, 백부님이 상해임시정부 요인들과 독립운동을 하다가
돌아가시고 가세가 기울자 학업을 중단하고 생업에 뛰어드
셨다고 한다.

6.25 전쟁 전에 세계고무주식회사를 인수하여 본격적인 사업에 착수했지만, 전쟁이 터지자 부산으로 피란하여 세기상사를 설립하셨다. 당시 웬만한 고무신은 다 그 공장에서 나온다고 할 정도로 사업이 번창했고, 미군 부대에 군량미를 납품하기까지 했다. 이 시절에 부산 초량교회에 다니던 시어머니는 수입이 생기는 대로 큰 금액을 꼬박꼬박 헌금으로 내셨다고 한다. 시아버지는 군납으로 60만 달러의 외화를 벌어들인 공로를 인정받아 정부로부터 밀가루 수입권을 얻으셨다.

조선제분을 인수하는 것을 시작으로 여러 사업을 펼치다가 상호를 동아제분으로 바꾸었고, 1960년대 말에는 대한생명보험을 인수하여 사업 영역을 확대하여 신동아그룹의 기초를 닦으셨다.

이북 출신의 가난한 가정의 자녀들에게 학비를 지원하기 위해 사리원장학회를 설립하셨고, 어린이회관과 안중근 의사 동상 및 기념관 등의 건립을 위해 기금을 마련하기도 하셨다.

우리는 시아버지가 한남동에 지어 주신 집에서 신혼살림

을 시작했다. 신혼 재미에 푹 빠져서 한 달 정도 교회에 나가지 않았다. 어머니는 사위가 어려워서 차마 야단치지는 못하시고, 우리를 위해 열심히 기도해 주셨다. 그 기도 덕분인지 남편이 마귀가 나를 낚아채 물속으로 끌고 들어가려는 것을 보고 자기도 깊은 물에 빠지는 꿈을 꾸었다. 그 덕분에 크게 뉘우치고 지금까지 주일성수를 잘해 오고 있다.

남편은 어렸을 때 기독교 유치원을 다녔지만, 커서는 교회에 다니지 않았다. 그러나 교회에 거부감이 있는 것은 아니었다. 오히려 어린아이처럼 순전하게 믿는 믿음을 가진 사람이다. 신혼 때 교회에서 헌금 주머니에 일부러 동전을 한꺼번에 떨어뜨려서 쨍그랑 소리 내는 장난을 친 적이 있었다. 그러지 말라고 말리며, 지폐를 깨끗하게 다림질하여 정성스럽게 내는 성도들도 있다고 말해 주었더니 다시는 그런 장난을 치지 않았다.

이처럼 남편은 잘못을 깨달으면 바로 반성하고, 다시는 같은 잘못을 저지르지 않으려고 노력하는 사람이다. 말씀을 단순하게 받으며, 계산하거나 재지 않고 순종할 줄 안다. 그러면서도 낮은 마음으로 기도하고, 기도한 것은 응답되었는지 꼭 점검하며, 회개할 거리를 찾아 문제를 해결하곤 한다. 어떤 때는 나보다도 믿음이 더 깊은 것 같다. 지금도 우리 부부는 매일 저녁 예배를 같이 드리며 기도의 응답과 회개에 관해 이야기를 나누곤 한다.

신혼 초부터 남편은 무슨 일이든 어려움이 생길 때마다 내게 기도를 부탁했다. 그러면 나는 그날 기도 제목은 그날 해결하자는 심정으로 기도에 매달렸다. 그렇게 뜨겁게 기도하다 보면, 응답의 확신이 오곤 했다. 하나님이 주시는 확신대로 남편에게 긍정적인 답을 전하면, 그는 안심하고 일을 추진했고, 실제로 결과가 좋았다. 하지만 하나님이 대답하지 않으시거나 거절하시는 것 같으면, 꼭 어떤 문제나 어려움이 생겼다. 그런 일들이 계속되자 남편은 날이 갈수록 내 기도를 더욱 신뢰하며 의지했다.

남편과 알콩달콩한 신혼을 보내며 평범한 행복을 누린 지 약 4년 정도 지났을 때, 시어머니가 암 진단을 받으셨다. 온 가족이 100일 마라톤 기도를 드렸지만, 끝내 하늘나라로 떠나시고 말았다. 그리고 한 달이 채 지나지 않아서 가장 친했던 대학 동기가 죽는 일이 일어났고, 그 충격이 가시기도

전에 할머니가 세상을 떠나셨다. 견디기 힘든 상실감이 한 꺼번에 밀려왔다. 인생이 얼마나 헛되고 헛된가를 깨달았 다. 정신적으로나 영적으로나 고통스러울 수밖에 없었다.

어머니를 각별히 사랑했던 남편은 생전에 어머니에게 약 속했던 것을 지키는 것으로 마음을 달랬다. 바로 추모 교회 를 세우는 일이었다. 그때 세운 교회가 바로 '할렐루야교 회'다. 원래 대치동 테니스장 자리에서 이종윤 목사를 모시 고 개척했는데, 나중에 분당에 부지를 얻어서 이전했다.

결혼할 당시에 남편은 서울 동대문구 신설동에서 마대를 생산하여 판매하는 회사인 '동명마방'을 혼자 힘으로 운영하고 있었다. 여느 사업가들처럼 크고 작은 위기를 넘기면서 경영의 틀을 다져 갔다. 몇 년 후에 시아버지가 운영하시는 동아제분에 합류했지만, 곧 독립하여 한국콘티넨탈식품을 설립했다.

남편이 제일 처음 한 일은 오산리기도원 원장 김승호 목사를 모시고 직원예배를 드리는 것이었다. 그 후 '콘티빵'을 출시했는데, 제빵업계의 후발 주자였지만 당시 선두를 달리던 삼립빵과 나란히 쌍두마차를 끌게 될 정도로 큰 사랑을 받았다.

1970년대에는 집 앞 골목마다 편의점 대신 구멍가게가 있었다. 가게 입구에는 라이벌 '삼립빵'과 '콘티빵'이 매대에 나란히 놓이곤 했다. 매일 아침, 아이들은 30원, 50원을 들고 오늘은 어느 빵을 먹을까 고민하곤 했다. 값싸면서도 맛있는 콘티빵이 주머니가 가벼운 어린이와 서민들에게 빵을 먹는 즐거움을 알게 해주었다.

그런데 1973년 1차 석유 파동으로 국내 물가가 순식간에 7배나 오르고, 성장률이 60%나 곤두박질쳤다. 그야말로 오일 쇼크가 2년간 국내 시장을 쓸고 지나갔다. 남편의 사업 역시 어려움에 처했다. 나는 그런 남편을 어떻게든 돕고 싶었지만 딱히 도울 길이 없었다. 무릎 꿇고 기도하는 것 외에는….

갈수록 극한 시련이 몰려오자 우리 부부는 매일 새벽 4시부터 기도에 매달리기 시작했다. 놀랍게도 간절히 기도하면 할수록 염려와 두려움이 조금씩 씻겨 내려갔고, 급기야 주님이 주시는 기쁨으로 충만하게 되었다. 남편과 나는 하나님의 말씀을 더욱 신뢰하게 되었다. 신뢰가 깊어질수록 주님의 응답도 확실해졌다. 마치 하나님이 친히 회사를 경영하시는 듯 기도로 일일이 묻고 응답을 기다렸다. 구름기둥과 불기둥을 따라가듯이 하나님의 응답에 따라 가기도 하고 멈추기도 했다. 그랬더니 불안했던 사업이 점차 안정을 찾아갔다.

그런데 시아버지가 지병으로 돌아가시고 말았다. 결혼 9년 만의 일이었다. 할 수 없이 남편이 선친의 뒤를 이어 신동아그룹을 맡게 되었다. 회장에 취임하면서 가장 먼저 했던 일은 역시 예배를 드리는 것이었다. 대한생명을 비롯한 22개 계열사를 한 달에 한 번씩 일일이 찾아다니며 예배를 드렸다.

남편이 큰일을 맡게 되었으니 나는 기도에 더욱 힘써야 했다. 마침 대학 동문 선배의 집에서 기도 모임이 있다는 소식을 듣고 동참했다. 여러 사람이 모여 기도하는 모습을 보니, 중고등학교 때 학교와 교회를 오가며 전심으로 기도하던 때가 떠올랐다.

> 진실로 너희에게 이르노니 무엇이든지 너희가 땅에서 매면 하늘에서도 매일 것이요 무엇이든지 땅에서 풀면 하늘에서도 풀리리라 진실로 다시 너희에게 이르노니 너희 중의 두 사람이 땅에서 합심하여 무엇이든지 구하면 하늘에 계신 내 아버지께서 그들을 위하여 이루게 하시리라 두세 사람이 내 이름으로 모인 곳에는 나도 그들 중에 있느니라(마 18:18-20).

나도 지인들과 합심하여 기도하면 하나님이 응답해 주시지 않을까 하는 마음이 들었다. 과연 될까 하는 의구심이 들기도 했지만, 어느 때보다 마음이 간절했다.

남편에게 우리 집에서 기도 모임을 해도 좋을지 물었더니 선뜻 동의해 주었다. 남편이 믿어 주니 용기가 솟아났다. 나는 함께 기도할 사람부터 찾았다. 주변을 살피다가 제일 친한 친구와 둘째 여동생에게 기도 모임을 제안했다. 16살 때 대한민국미술전람회(국전)에서 만나 60년 지기가 된 조각가 이정자는 나보다 4살 위이지만 친구로 지냈다. 둘째 동생은 성품은 곱지만 교회생활을 활발히 하지 않으므로 믿음의 불을 지펴 줄 필요가 있었다. 두 사람 모두 나의 제안을 흔쾌히 받아들였고, 모임에 한 번도 빠지지 않을 정도로 성실하게 기도했다.

1977년, 우리 집 거실에서 세 사람의 기도 모임이 시작되었다. 매주 화요일에 두 가지 기도 제목을 놓고 기도하기로 했다. 먼저, 나라와 민족을 위해 기도하고 나서 자기 가정을 위해 기도하기로 한 것이다. 어릴 때부터 어른들이 나라와 민족을 위해 먼저 기도하는 모습을 보고 자랐으므로 우리도 당연히 그래야 한다고 여겼다. 그리고 여느 주부들과 마찬가지로 우리의 관심사는 남편과 아이들이었다.

그런데 기도하면 할수록 기도의 열망이 날로 커져 갔고, 말씀을 사모하는 마음도 커져 갔다.

할렐루야 여호와께 감사하라 그는 선하시며

그 인자하심이 영원함이로다

누가 능히 여호와의 권능을 다 말하며

주께서 받으실 찬양을 다 선포하랴

정의를 지키는 자들과 항상 공의를 행하는 자는 복이 있도다

여호와여 주의 백성에게 베푸시는 은혜로

나를 기억하시며 주의 구원으로 나를 돌보사

내가 주의 택하신 자가 형통함을 보고

주의 나라의 기쁨을 나누어 가지게 하사

주의 유산을 자랑하게 하소서

시 106:1-5

난蘭의

은은한 향기는

멀리까지 퍼진다

2

/ 두 손으로 횃불을 들다 /

나는 시온의 의가 빛같이,

예루살렘의 구원이 횃불같이 나타나도록

시온을 위하여 잠잠하지 아니하며

예루살렘을 위하여 쉬지 아니할 것인즉

사 62:1

—
루
디
아
가

되
어

횃
불
을

들
다
—

         기도로 모인 우리는 30대 초반
의 젊은 주부들이었다. 바깥일을 하는 남편을 돕고, 자녀를
양육하고 훈육하는, 한 가정의 경영자가 되었지만 우리는
여전히 미숙하고 두려움이 많았다. 우리는 습관처럼 나라
와 민족을 위해 기도했고, 사회에서 제 몫을 하느라 여념 없
는 남편과 어린 자녀와 연로하신 부모님을 위해 간절히 기

도했다. 가난한 마음으로 전지전능하신 주님께 지혜를 구하고, 사랑이 많으신 예수님께 위로하심을 청하며, 보혜사 성령님께 평안을 구했다.

그런데 하나님이 우리 마음에 소원의 씨앗을 심어 주셨다. 내 기도가 아닌 하나님이 원하시는 기도를 하고 싶다는 소원이 일어난 것이다. 목사님을 모시고 말씀을 배우기로 했다. 말씀을 통해 하나님의 마음을 배워 가니 우리 마음에 기쁨이 넘쳤다. 알음알음 친구들이 모이기 시작했다. 목사님에게 말씀과 기도하는 법을 배우고, 합심하여 기도하고 나서 안수 기도를 받는 순서가 잡히면서 모임의 틀이 자연스럽게 만들어져 갔다.

여럿이 말씀을 배우고 기도하는 즐거움을 느끼는 가운데 생각지도 않은 일들이 벌어졌다. 알레르기 증세가 심했던 친구가 깨끗이 낫는 것을 시작으로, 여러 가지 치유의 역사가 일어난 것이다. 육신뿐 아니라 마음과 영혼이 치유되어 가정의 불화가 사라지고 회복되는 역사가 일어났다. 간증이 하나둘씩 늘어갔다. 서로 털어놓은 적이 없던 은밀한 기도 제목들이 응답되었다는 고백이 이어지기도 했다. 문제가 해결되고, 치유의 역사가 일어난다는 입소문이 나자 찾아오는 사람들이 많아졌다.

우리는 기도의 능력을 경험하면서 가정의 축복뿐 아니라 하나님의 나라와 하나님의 의를 구하는 기쁨을 알아 갔다. 단순히 남편과 가정을 위해 기도하던 우리는 초대교회에 불었던 성령의 바람과 불을 체험하며 믿음의 새로운 국면으로 들어갔다. 모임의 틀이 잡히면서 '루디아 기도회'라는 이름도 생겼다.

루디아는 일찍이 유대교를 믿고 하나님을 경외했으나 빌립보에서 사도 바울을 만나고는 온 가족이 세례를 받고 기독교로 개종하여 유럽 최초로 그리스도인이 된 여인이다(행 16:14). 그녀가 살던 소아시아(터키)의 두아디라 지방은 자색 염료로 유명했다. 그녀는 에게해의 뿔고둥(murex)에서 나는 극소량의 자주색 염료로 옷감을 물들여 파는 일을 하는 여성 사업가였다. 당시 로마인들이 몸에 둘러 입던 긴 겉옷인 토가(toga) 한 벌을 물들이는 데 약 28g의 염료가 쓰였는데, 약 25만 개의 뿔고둥을 끓여야 그 정도 양이 나왔다고 한다. 그만큼 자색 옷감은 아름답고 값비싼 명품 중의 명품이었다.

그녀는 바울 일행에게 자기 집을 내주어 묵게 하고, 예배 장소로도 제공했다(행 16:15, 40 참조). 그 덕분에 빌립보 교회가 세워지지 않았던가.

기도 모임을 시작한 지 1년쯤 지난 어느 날, 농촌 계몽 운동을 하는 이화여대 약학대학 졸업 동문 선배들이 유관순 기념관에서 드릴 부흥회를 위한 헌금을 권하기 위해 찾아왔다. 마침 남편이 회사에서 보너스로 받은 것이 있어서 전액 헌금하였다. 알고 보니 그들은 서로의 집을 오가며 쌈짓돈을 헐어 모임을 꾸리느라 애를 먹고 있었다. 같은 주부로서 보고만 있을 수는 없었다. 어차피 우리 집에서 매주 기도 모임을 하니 함께하자고 제안했다. 그러면 조금이나마 경비를 줄일 수 있을 것 같았기 때문이다. 그렇게 해서 두 모임이 합쳐졌는데, 우리의 '루디아 기도회'와 그들의 '횃불 기도 모임'에서 각각 이름을 가져와 '루디아 횃불회'로 부르기로 했다. 이것이 바로 '횃불 운동'의 뿌리인 루디아 횃불회의 시작이다.

―
횃
불
에
불
을
붙
여
라
!
―

　　　　　결혼하고 9년간 집안일만 하던
나는 루디아 횃불회를 섬기기 위해 매일 새벽부터 잠들 때
까지 말씀을 읽고 기도하는 일에 전념했다. 고맙게도 아이
들은 집에 많은 사람들이 드나드는 데 익숙해졌고, 모임에
처음 오신 분들에게 화장실을 안내하거나 심부름을 자청
하며 즐거워했다. 화요일마다 사도행전의 초대교회 모습이

우리 집에서 생생하게 재현되었다.

> 날마다 마음을 같이하여 성전에 모이기를 힘쓰고 집에서 떡을 떼
> 며 기쁨과 순전한 마음으로 음식을 먹고 하나님을 찬미하며 또
> 온 백성에게 칭송을 받으니 주께서 구원받는 사람을 날마다 더하
> 게 하시니라(행 2:46-47).

모임에서 말씀을 전할 강사를 모시고, 예배를 돕고 모인
사람들을 대접하다 보면 일주일이 금세 지나갔다. 다행히
초청하는 강사마다 거절하지 않고 와 주었다. '살아 있는 순
교자'로 불리던 《죽으면 죽으리라》의 저자 안이숙 사모, 이
화여대 총장을 세 번이나 역임한 김옥길 총장, 천막교회에
서 세계 최대 규모의 교회로 발전한 여의도순복음교회의
조용기 목사 등 많은 분들이 가정집에서 드리는 예배에 강
사로 와 주었다.

시아버지가 지어 주신 건평 150평의 한남동 주택이 늘 사
람들로 북적였다. 온 집 안에 발 디딜 틈이 없을 정도로 기
도에 갈급한 사람들이 200-300명씩 모여들었다.

그런데 어느 날, 한얼산기도원의 이천석 목사가 이 광경을 보고는 고개를 저으며 말했다.

"가정집에 이렇게 많은 사람이 모이다니…. 애들도 있는데 이건 좋지 않아요. 계속 예배를 드리려거든 다른 곳을 알아보는 게 좋겠어요."

그 이야기를 듣는 순간 가슴이 철렁했다. 사실, 거실에서 세 명이 기도를 시작할 때에는 3년 만에 이렇게 몇 백 명이나 모이는 큰 기도회가 될 줄은 꿈에도 생각하지 못했다. 그런 만큼 집이 아닌 다른 곳에서 예배를 드린다는 생각은 해본 적이 없었다. 나는 그저 평범한 주부에 불과한데, 집 울타리를 벗어나 바깥에서 하나님의 일을 할 수 있을지 두려웠다.

게다가 그즈음에 대다수를 차지하던 이화여대 동문들 사이에 모임의 비전을 놓고 갈등이 일기 시작했던 터라 더욱 마음이 무거웠다. 이화여대의 발전을 위해 힘쓰자는 의견과 세계 선교를 위해 나아가자는 의견이 대립했던 것이다. 대학 시절에 김활란 총장의 전국복음화운동에 참여한 바 있는 나는, 복음이란 특정한 누군가를 위한 것이 아니라 만

백성을 위한 것이므로 세계 선교를 위해 기도하며 힘쓰는 것이 하나님의 뜻이라고 믿었다.

어쩌면 나는 믿음의 한계에 다다랐던 것인지도 모른다. 루디아 횃불회를 계속 섬겨야 할지 자신이 없었다. 다시 가난해진 마음으로 하나님께 간절히 기도했다. 며칠 동안 주님의 뜻을 알려 달라고 간청하며 매달렸다.

그러던 어느 날 새벽 5시쯤, 침실에서 하나님의 징표를 구하며 기도하다가 기이한 체험을 했다. 분명히 침실에서 기도했는데, 순간 이동이라도 한 듯 기도 모임을 처음 시작했던 거실에 와 있었던 것이다. 게다가 아직 새벽인데 거실이 온통 황금빛으로 가득했다. 놀랍게도 유치원 때 보고 그 황홀함에 빙그르르 춤추었던 바로 그 황금빛이었다. 그러더니 가슴속 깊은 곳에서부터 무엇인가 올라와 나도 모르게 입에서 툭 튀어나왔다.

"산봉우리 봉우리마다 마른 가지 가지마다 횃불에 불을 붙여라!"

하나님이 주신 음성이 분명했다. 그런데 대체 무슨 말씀인지 선뜻 이해되지 않았다. 말씀을 되뇌며 곰곰이 묵상했다. "산봉우리"는 믿음의 역사가 활발히 일어나고 있는 곳을, "마른 가지"는 성령의 불이 붙어야 할 곳을 의미한다는 것을 깨달았다. 그만큼 기도 사역이 필요한 곳이 많다는 뜻임을 알 수 있었다. 또한 주님이 루디아 횃불회를 기뻐하신다는 사실을 확인할 수 있었다.

하나님의 뜻을 알게 되니 두려움이 사라졌다. 이제부터는 주님이 하라고 하신 일을 성심껏 해내면 되는 일이었다. 더 이상 머뭇거릴 이유도, 두려워할 것도 없었다. 그때부터 줄곧 눈가리개를 한 경주마처럼 주님이 가리키시는 길로 달렸다.

남편에게 기도 모임을 계속하려면 더 넓은 장소가 필요한데 어떻게 하면 좋겠느냐고 의논했다. 그랬더니 우리 집 바로 밑에 있는 채소밭 200평에 건물을 지어 주겠다고 했다. 재정적으로는 좀체 도와주지 않던 남편이 장소 문제를 해결해 준다니 천군만마를 얻은 기분이었다.

그리고 한 가지 문제를 더 해결해야 했다. 회원들에게 모임 안에 서로 다른 비전이 있는 만큼 각자 마음에 주신 비전대로 흩어져 힘써 기도하는 것이 좋겠다고 제안했다. 모두가 동의하여 전체 인원에서 절반가량이 이화여대 다락방으로 독립해 나갔다.

말씀과 기도로

횃불이 활활 타오르다

1979년 한남동에 지하 2층, 지상 3층의 건물이 지어졌다. 문화공보부에 비영리 '사단법인 한국기독교선교원'으로 등록하고, 700명을 수용할 수 있는 대성전과 100명이 모일 수 있는 소성전과 작은 세미나실 등을 갖춘 '한국횃불선교회관'을 개관했다.

이로써 횃불 사역이 본격적으로 시작되었다. 매주 교계

를 대표하는 목사님들을 모시고 말씀을 듣고, 나라와 민족을 위해 기도할 뿐만 아니라, 나아가 우리 민족이 땅 끝까지 복음을 전하라고 하신 주님의 말씀에 순종할 수 있도록 은혜를 베풀어 달라고 부르짖어 기도했다.

1970년대가 저물고 1980년대가 시작되던 당시에는 휴대 전화나 인터넷이 없었다. 목마른 사람이 우물을 파야 하듯이 직접 발품을 팔아야 사람들을 만나고 말씀을 배울 수 있었다. 산봉우리마다, 마른 가지마다 횃불에 불을 붙이라고 하신 하나님의 말씀에 순종하여 시작한 사역인 만큼 교단에 상관없이 믿음의 발걸음을 디딘 사람이라면 누구나 참여할 수 있도록 문을 활짝 열었다. 입회비나 등록비도 없었다. 그리고 횃불회 모임에 참석하는 모든 이에게 점심을 대접했다. 이후 우리 부부에게 시련이 닥치기 전까지 20여 년간 횃불회 회원들에게 세미나와 음식을 형편껏 무료로 제공했다.

이렇다 할 교육 프로그램이 없던 시절이라 전국에서 사역자들이 한남동으로 모여들었다. 그곳에서 교제를 나누고 서로 연결망을 형성했다. 그들이 횃불회 모임을 통해 영적으로나 학문적으로나 힘을 얻고 돌아갈 수 있도록 정성껏 섬겼다. 예배 후 목사님들의 안수 기도로 치유 역사가 일어났고, 영적 부흥을 목격한 이들이 저마다 모이기를 힘쓰며 자발적으로 횃불회를 만들기도 했다.

회관이 지어지기 전부터 루디아 횃불회를 시작으로 고아원 원장들의 모임인 시설장 횃불회(사회사업 횃불회), 남성 선교사들의 청지기 횃불회, 부부 횃불회, 미용인 횃불회, 군인들의 기드온 횃불회 등이 생겼고, 계속해서 직능별, 직업별로 다양한 횃불회가 만들어졌다.

그뿐 아니라 극동 지역에 선교 방송을 내보내는 극동방송과 아세아방송을 후원하고, 아세아연합신학원을 지원하기도 했으며, 외국에서 신학을 공부하는 유학생들의 학비를 지원하는 장학 기금을 설립하고, 여러 신학교에서 선발된 신학생들과 고등학생들에게도 장학금을 지급했다. 또한 자신의 전공 분야에서 믿음으로 하나님 나라를 확장해 가는 교수들에게 연구비를 지급하기도 했다. 경제적인 어려움 때문에 학업을 포기하거나 사명을 중단하는 일이 없게 하기 위해서였다. 그 덕분에 횃불 장학금을 받은 유학생들

가운데 수십 명이 현재 국내 대학이나 신학교에서 후학들을 가르치고 있다.

햇불회 모임에서 설교나 강의를 요청하면, 모든 강사 분들이 아무리 바쁘더라도 거절하지 않고 기꺼이 참석해 주었다. 갈보리교회 박조준 목사, 광림교회 김선도 목사, 금란교회 김홍도 목사, 대구동신교회 권성수 목사, 서울교회 이종윤 목사, 여의도순복음교회 조용기 목사, 온누리교회 하용조 목사, 지구촌교회 이동원 목사, 한국대학생선교회(CCC) 대표 김준곤 목사, 할렐루야교회 김상복 목사 등이 참여하였으며, 김윤희 박사(김준곤 목사의 3녀), 손봉호 교수(서울대), 이영덕 교수(서울대, 제27대 국무총리), 전재옥 교수(이대), 정원식 교수(서울대, 제23대 국무총리), 주선애 교수(장신대) 등이 강의를 맡거나 장학생 선발 같은 협력 사역을 해 주었다(가나다 순).

말씀과 기도에 목말라 있던 많은 영혼이 햇불회 모임에서 은혜의 단비를 경험했다. 연한 순처럼 부드러워진 회원들은 더욱 힘을 내어 기도하며 구제하고 선교했다. 매년 전국 햇불 연합 대성회를 열어 한자리에 모여 나라와 민족을 위해 뜨겁게 기도하기도 했다. 큰 행사를 치를 때면 반드시 먼저 금식 기도를 드렸다. 평소에 금식 기도로 큰일을 준비하곤 했는데, 회원들도 동참하여 하루 한 끼씩 40일을 함께 금식하며 기도로 준비했다.

횃불 사역의 핵심 가치는 말씀과 기도와 성령이다. 말씀과 기도에 전념하니 성령의 능력이 나타났다. 전국에서 횃불로 불타는 산봉우리 같은 하나님의 백성들이 찾아왔고, 마른 가지와도 같던 하나님의 백성들이 횃불회 모임에서 불같은 성령님을 경험했다. 매주 월요일마다 전국 주요 도시(서울, 부산, 대전, 전주, 제주 등)에서 강의와 세미나가 진행되었고, 한때 참여 인원이 1만 여 명에 달하기도 했다.

자발적으로 다종다양하게 만들어진 횃불회 중에 몇몇은 자연스럽게 없어졌고, 몇몇은 지금까지도 유지되고 있다. 가장 처음 생긴 루디아 횃불과 초창기에 생긴 사모 횃불이 바로 그렇다. 40년간 만남을 계속 이어 오다 보니 대부분 30대였던 초창기 회원들이 어느덧 70대가 되었다. 혹여나 회원들과 함께 모임도 나이가 들까 염려하여 그동안 신입 회원을 꾸준히 받아 왔고, 고인 물처럼 정체되지 않도록 흩기 위해 많은 노력을 기울였다.

그런가 하면 육해공군 장교 부인들의 모임인 기드온 햇불은 꽤 오랫동안 자체적으로 활발하게 운영되었다. 장교들은 2-3년에 한 번 꼴로 근무지를 이동해야 하므로 자연스럽게 흩어지는 효과가 있기 때문이다. 일 년에 서너 차례 삼군 사관생도들을 대상으로 수련회를 열곤 했는데, 추수꾼을 기다리는 밭이라고 해도 좋을 만큼 많은 영혼이 구원되는 역사가 일어났다. 그리스도를 믿는 장교들의 영향력이 그만큼 크다는 것을 알 수 있다.

지금은 사라졌지만 문득문득 기억하게 되는 횃불회도 있다. 미용인 횃불은 전국적으로 방대한 연결망을 자랑했다. 지역마다 미용인들이 긴밀한 관계를 맺고 있어서, 파급력이 막강했으며 그만큼 성령의 역사가 불처럼 일었다. 지금도 지방에 가면, 예전에 미용인 횃불에서 활발히 활동했던 회원들이 먼저 알은체하기도 한다. 택시 횃불도 마찬가지다. 희끗한 머리의 운전자가 옛날에 횃불회 회원이었다며 인사를 건넬 때면 오랜 친구를 만난 듯이 반갑다.

1976년 선친의 작고로 경영권을 승계 받아 30대 후반에 신동아그룹의 회장이 된 남편은 관록 있는 기업인들에 비하면 경력이 일천한 탓에 낮은 마음으로 하나님을 의지할 수밖에 없었다. 그래서인지 집에서 기도 모임을 시작하려고 할 때, 반대하기는커녕 오히려 좋아하는 눈치였다. 평소 기도의 힘을 잘 알고 있었기 때문이다. 이전에도 사업이 어려워질 때마다 부부가 합심하여 기도하면, 하나님이 곤경에서 벗어나도록 은혜를 베풀어 주신 바 있으니 집안에 기도 소리가 끊이지 않는 것만으로도 남편은 담대해질 수 있었다.

신동아그룹의 중심은 단연 대한생명보험이었다. 남편이 회장에 취임한 당시에 대한생명의 사옥은 회현동에 있었는데, 그룹의 새 시대를 연다는 의미에서 다른 곳으로 이전할 계획을 세웠다. 대한생명은 1946년 김구 선생의 제자인 강익하 씨를 포함한 33인이 출자해 창립한 우리나라 최초의 생명보험주식회사다. 1969년 부도 위기에 놓인 대한생명을 선친이 강익하 사장에게서 인수하여 2년 만에 정상 궤도에 올려놓았고 신동아그룹의 중심 회사로 키우셨다.

사옥을 이전할 곳을 찾아 여러 부지를 검토했다. 서울 정동의 옛 배재고 자리부터 시작해서 잠실 등 여러 곳을 둘러보고 마지막으로 간 곳이 여의도였다. 한강이 보이지 않는 안쪽 땅과 강가 땅이 3,000평씩 나왔지만, 제비뽑기로 한 곳만 살 수 있었다.

남편은 내가 제비를 뽑아 주기를 바랐지만, 마침 그날 나는 심방 예배차 외출 중이었다. 예배드리러 간 집으로 나를 찾는 전화가 걸려왔다.

"지금 제비를 뽑아야 하는데, 당신 왜 거기 있소?"

유감스럽지만 기도 중이라 못 가겠다는 말을 끝내기도 전에 남편이 내 말을 가로막으며 "다른 기도 하지 말고, 한 강 쪽 땅을 뽑을 수 있게 당장 기도해 줘요!"라고 말했다. 목소리만 들어도 얼마나 다급한지 느껴졌다. 나는 알겠다고 대답하고는 기도하러 모인 사람들에게 사정을 말하고 양해를 구했다. 남편을 잘 아는 사람들이라, 얼마나 애가 타면 전화를 다 했을까 하고 웃음을 터뜨리면서도 어서 기도하자며 곧바로 한목소리로 중보해 주었다. 5분 후에 다시 전화벨이 울렸다. 응급으로 드린 기도가 응답되었다는 소식이었다. 나는 안심하며 기도 사역에 집중했고, 남편은 어린 아이처럼 즐거워하며 하나님을 찬양했다.

얼마 뒤에 출근 준비를 하던 남편이 나에게 누런 서류 봉투를 내밀었다.

"오늘은 아무 데도 가지 말고, 집에서 이걸 위해 기도해 줘요."

기도 응답으로 얻은 땅에 대한생명 사옥을 어떻게 지으면 좋을지 하나님께 여쭤 봐 달라는 것이었다. 나는 '기도가 필요한 곳이 얼마나 많은데, 건물 짓는 일쯤이야 알아서 하면 되는 거 아닌가' 하고 생각하며 시큰둥하게 대답했다.

"알았어요. 봉투 주세요."

봉투에 든 것은 토지 관련 서류였는데, 아무리 들여다봐도 무슨 내용인지 알 수가 없었다. 서류를 내려놓고 기도를 시작하려니 건축과 관련해서 무엇을 여쭈어야 할지 몰라 막막했다. 안방에서 한강을 내려다보며 "하나님, 하나님" 하고 하나님만 부르다가 겨우 생각해 낸 질문이 이것이었다.

"하나님, 몇 층까지 지으면 좋을까요? 10층으로 할까요?"

막연히 떠오르는 대로 10층부터 시작해서 한 층 한 층 더해 가며 기도해 봤지만, 하나님은 묵묵부답이셨다. 50층까지 올라가니 가슴이 콩닥거렸다. 떨리는 마음으로 51층, 52층, 53층 … 59층까지 세어 올라가며 기도했지만 아무런 응답이 없었다.

"하나님, 60층까지 지으면 될까요?"

그 순간, 하나님이 마음속에 분명한 음성을 들려주셨다.

"59층도 말고, 61층도 말고, 60층까지 지어라."

혹시 잘못 들었나 싶어서 재차, 삼차 기도해 봤지만 응답은 같았다. 하나님의 뜻이 분명하다는 확신이 들었다. 저녁에 퇴근한 남편에게 하나님이 60층짜리 건물을 지으라고 하셨다고 말하니 "에?" 하고 외마디 소리를 내고는 얼굴이 해쓱해져서 아무 말도 하지 않았다. 잠시 후에 "당신이 잘못 들었겠지" 하며 미심쩍은 듯이 말했다.

"하나님이 말씀하셨는데…, 그럼 당신 마음대로 하세요."

남편이 조용히 생각에 잠겼다. 잠시 뒤에 하나님의 음성을 들은 것이 확실하냐고 물었다. 세 번이나 확인했다고 대답했더니 또다시 침묵이 흘렀다. 곧 남편이 "그만한 건물을 지을 돈이 없는데 어떡하오?" 하고 물었다.

"하나님이 하시지, 우리가 하나요?"

기도하고 응답받은 대로 말했을 뿐이지만, 마음이 무거웠다. 나중에 알고 보니 그때 우리나라에서 제일 높은 빌딩이 33층이었고, 건축법상 여의도에는 최고 14층까지만 지을 수 있었다. 60층 건물을 짓는다는 건 사실상 불가능한 일이었던 것이다.

아내가 받은 하나님의 응답을 무
시할 수 없었던 남편은 정상천 서울시장(17대)과 면담을 했
으나 건축법을 무시할 수 없다는 말과 함께 일언지하에 거
절당했다. 남편은 물러서지 않고 지하 60층이라도 지을 수
있게 해달라고 청해서 겨우 구두로 승인을 받을 수 있었다.
그 뒤 바로 굴착 공사를 시작했다. 그러나 곧 지하 토질의

특성상 깊게 파 내려갈 수 없다는 사실이 드러났다. 또 다른 난관에 부딪힌 것이다.

며칠 후에 남편이 미국 샌프란시스코에 다녀와야 하니 여행 가방을 싸 달라고 했다. 트렁크를 꺼내 옷가지를 넣으며 무슨 일로 가느냐고 물었더니 다녀와서 얘기해 주겠다고 했다. 용무를 알리지 않은 여행이 처음이라 의아했지만, 나는 횟불 사역에 몰두하느라 시간 가는 줄 몰랐다. 열흘 뒤에 남편이 좀 더 가무스름해졌지만 환한 얼굴로 돌아왔다.

"여보, 이리 와서 이것 좀 봐요."

남편의 재촉에 고개를 돌려 보니 탁자 위에 수백 장의 사진이 펼쳐져 있었다.

"이게 다 뭐예요?"

죄다 고층 건물 사진이었다. 샌프란시스코뿐 아니라 미국 전역을 돌고, 캐나다에까지 가서 유명한 고층 건물들을 견학하며 사진을 찍어 온 것이다. 하나님이 주신 응답을 믿고, 순종의 발걸음을 뗀 남편이 크게 느껴졌다. 나도 여의도에 세워질 60층 건물을 위해 더욱 힘을 내어 기도했다. 남편이 찍어 온 사진들은 소년 다윗의 주머니에 든 돌멩이와도 같았다. 골리앗처럼 가로막고 선 문제들에 언제라도 던질 준비를 해야 했다.

남편과 나는 하나님의 비전을 굳게 믿고, 이 건물을 짓는 데 온 정성을 기울이기로 했다. 미국 시카고의 스키드모어, 오윙스 앤 메릴(Skidmore, Owings, Merrill, SOM)에 설계를 맡겼다. 시카고 시민들이 '빅 존'(Big John)이라는 애칭으로 부르는, 존 핸콕(John Hancock) 생명보험의 사옥인 존 핸콕 센터(1969년 완공)를 설계한 곳이다. 특히 1973년에 지어져서 1998년까지 세계에서 가장 높은 빌딩으로 기록되었던 시어스 타워(Sears Tower)를 설계해서 유명해진 설계 사무소다. 지금은 소유주가 변경되어 윌리스 타워(Willis Tower)로 이름이 바뀌긴 했지만, 아직도 순 건물 높이만 443m에 달하는 110층 건물 시어스 타워를 기억하는 사람이 많을 것이다. 최근에는 삼성이 시공사로 참여한 두바이의 부르즈 할리파(Burj Khalifa)를 설계했는데, 현재 세계에서 가장 높은 건물이라고 하니 우리나라 최초의 랜드마크가 될 63빌딩을 그들에게 맡긴 것은 최상의 선택이었다. 게다가 대만계 미국인 디자이너가 '기도하는 손' 같은 스케치를 그려 왔으니 이 모든 것이 하나님의 인도하심이 아니었겠는가.

그러나 남편은 이 설계도를 한동안 품에 안고만 다녀야 했다. 건축법이 발목을 잡고 있었고, 박정희 대통령에게 우회적으로 건축 허가를 청해 봤지만, 60층은 너무 높다는 이유로 거절당했기 때문이다. 설계도를 언제 세상에 내놓을 수 있을지 기약이 없었다.

그러다가 1979년 10월 26일, 난데없이 세상이 발칵 뒤집혔다. 18년간 우리나라를 이끌었던 박정희 대통령이 암살당한 것이다. 이후 몇 달간 온 나라가 어수선했다.

이듬해 CCC 대표 김준곤 목사가 3.1절 즈음에 '구국비상회개금식기도운동'을 펼칠 것을 기획했다. 당시에는 기독교 TV가 없었으므로 지상파 방송에 광고를 해야 했는데, 자금이 부족하다는 소식을 듣고, 횃불 모임에서 헌금하고 남편 회사가 약 5천만 원 정도를 후원했다. 7대 일간지와 지상파 방송을 통해 홍보된 한일산기도원에서 열린 구국금식기도회에는 전국의 수많은 기독교인들이 구름처럼 모여들었다. '서울의 봄'으로 불리는 그 시절에 그리스도인들은 나라와 민족을 위해 어느 때보다 더 열심히 기도했다.

서울의 랜드마크, 63빌딩을 지으신 하나님

하나님의 일은 하나님의 때에 하나님의 방법으로 이루어지는 법이다. 박정희 대통령이 암살되고 나서 전두환 보안사령관이 실권을 쥐고 정국을 수습할 때 즈음, 드디어 하나님이 일을 행하셨다.

어느 날 남편이 군에 아는 사람이 없느냐고 물었다. 당시 남편은 대한축구협회 회장이었는데, 이듬해 있을 대통령배

국제 축구대회에 출전할 대표팀을 꾸리면서 군인 선수 한 명이 필요했던 것이다.

나는 국군중앙교회 권사인 H 장군의 아내에게 청하여 만남을 주선했다. H 장군은 횃불회 회원은 아니었지만, 경동교회에 다니는 독실한 신자였다. 당시 육군 대장으로 전두환 보안사령관의 최측근 가운데 한 명이었다.

일면식도 없던 두 사람이 육군사관학교 구내식당에서 만났다. 남편은 H 장군에게 군 복무 중인 선수가 대표팀에서 뛸 수 있도록 해달라고 청했고, 다행히 그 문제는 해결할 수 있었다. 남편이 용무를 마치고 일어서려는데, H 장군이 더 부탁할 일은 없느냐고 물었다. 전두환 사령관을 중심으로 한 신군부세력의 서슬이 퍼렇던 때였다. 그들에게 청탁하는 사람이 많던 시기에 겨우 축구 선수 이야기만 하고 일어서려는 남편이 의아해 보였던 것이다.

"경제계 인사는 아직 아무도 안 만났소. 이게 얼마나 귀한 기회인 줄 모르나 보군요. 듣자 하니 부인이 그렇게 기도를 열심히 한다던데, 부탁할 게 하나도 없단 말이오?"

40대 초반에 열심히 일만 하던 남편은 그 정도로 처세술에

능하지 못했다. 그때서야 63빌딩을 떠올리고, 가슴에 늘 품고 다니던 조감도를 꺼내 H 장군에게 자초지종을 설명했다.

"이게 왜 여태 허가가 안 났단 말이오? 지진이 많은 일본에도 고층 건물이 많은데, 우리나라에도 이런 건물이 있어야 하지 않겠소?"

H 장군이 고개를 끄덕이며 그날 마침 전두환 사령관을 만나러 가는 길이니 이 문제를 의논해 보겠다고 했다.

남편과 나는 일말의 희망이라도 갖게 해주신 하나님께 감사 기도를 드리고 잠자리에 들었다. 다음 날, 새벽 6시에 전화벨이 울렸다. H 장군이었다. 서울 사대문 밖에 한하여 고도제한을 모두 풀 것이라는 소식을 전해 주었다. 우리는 뜻하지 않은 소식에 환호성을 질렀다.

하나님이 물꼬를 터 주시자 일이 일사천리로 진행되었다. 63빌딩은 1980년 2월에 착공하여 1985년 5월에 완공했다. 공사 기간에 안전사고가 한 건도 일어나지 않은 것만 봐도 하나님이 모든 과정을 일일이 간섭하여 주신 것을 알 수 있었다.

그때까지 아시아에서 가장 높은 건물은 일본 도쿄 이케

부쿠로의 선샤인 60으로 높이가 239.7m였다. 63빌딩이 249.6m로 지어짐으로써 아시아에서 가장 높은 건물이 되었다. 명물의 탄생을 보기 위해 전국에서 사람들이 몰려와 도심 교통이 마비될 정도였다. 60층 전망대에서 내려다보면 서울이 한눈에 들어오고, 맑은 날에는 인천 앞바다까지 볼 수 있으니 얼마나 놀라웠겠는가.

63빌딩이 실제로는 지상 60층이 아닌 63층이라는 이야기가 시중에 떠돈다는데 건축법상 60층이 정확하다. 왜냐하면 44층이 없고 43층 다음에 곧바로 45층인데다가 61층은 복층으로 61층-62층으로 표시되었지만 설계상 한 개 층이라 61층이 곧 60층이기 때문이다. 물론 62층 위 옥상은 송신탑을 받치고 있으므로 층수에 포함되지 않는다. 63빌딩은 지상 60층, 지하 3층을 합하여 붙인 이름이다.

63빌딩은 88올림픽을 개최하는 대한민국의 발전상을 보여 주는 대표 이미지가 되었고, 우리나라 최초의 랜드마크가 되었다. 외국에서 63빌딩이 대한민국의 상징으로 소개되는 것을 볼 때마다 눈시울이 붉어지고, 하나님께 감사하다는 고백이 절로 나왔다. 감히 생각하지도 못할 비전을 우

리에게 심어 주시고, 하나님의 일하심을 보게 하시니 어찌
감사하지 않을 수 있을까.

남편이 63빌딩을 짓는 동안에 나는 횃불 사역에 더욱 몰두했다. 하나님이 횃불에 기름을 부어 주시어 해마다 참여하는 사람이 늘어나 한남동 건물에 자리가 부족할 정도가 되었다. 그러다 보니 대형 집회는 반드시 외부에서 치러야만 했다. 그나마 남편 덕분에 대한생명 사옥 대강당을 사용하기도 했지만, 모든 회원이 마음껏 기도하고 영의 양식을 양껏 누리려면 좀 더 넓은 곳이 절실히 필요했다. 나는 이 문제를 놓고 하나님께 기도했다.

긴 기도 끝에 남편을 통해 새 건물을 지어 주시겠구나 하는 확신을 얻었다. 그러나 현실적으로 이루어지기 힘든 일이었다. 남편은 하나님과 관련된 일에는 늘 후하게 헌금하고, 아낌없이 지원하면서도 유독 내가 추진하는 사역들은 짐짓 모른 체해 왔기 때문이다. 내심 섭섭하기도 했지만, 남편의 마음을 헤아리기에 불평하지는 않았다. 하나님의 일을 맡아 하는 것이 얼마나 두렵고 떨리는 일인지를 잘 알기에 조심스러웠을 것이다. 내가 아는 남편의 성정이 그렇다.

하나님이 한남동의 횃불선교회관에 이어 이번에도 그를 통해 새 건물을 짓겠다고 하셨으니 그대로 이루어질 것을 믿었다. 문제는 어떻게 하면 남편의 마음을 움직일까 하는 것이었는데, 하나님이 아이디어를 주셨다.

신동아그룹 계열사인 신동아건설의 사장 댁을 방문하여 담소를 나누다가 사장에게 횃불회관 건립의 필요성을 조심스럽게 호소했다. 남편의 귀에 들어가기를 바라고 한 말이었다. 며칠 뒤, 저녁에 퇴근한 남편이 옷을 갈아입으며 무뚝

뚝한 표정으로 말했다.

"요즈음 회사에서 횃불회관을 건축해야 한다는 말이 들리던데….."

그러고는 별말이 없었다. 다시 며칠이 흘렀다. 교회 갈 채비를 하는데 남편을 찾는 전화가 걸려왔다. 통화를 끝낸 남편이 나를 쳐다보며 멍한 표정을 지었다.

"청와대 경호실인데, 양재동 땅을 도로 가져가라는군."

서초구청 뒤 말죽거리공원 자리에 집안 소유의 땅이 있었는데, 전두환 대통령이 퇴임 후 사저로 쓸 용도로 가져가겠다고 해서 마지못해 헐값에 팔고는 잊고 있었다. 그런데 정권 말기에 6월 민주화 운동으로 민심이 등을 돌리자 갑자기 그 땅을 도로 가져가라고 내놓은 것이다. 결국, 먼저 팔았던 가격보다 세 배를 더 주고 도로 사 왔다.

잃었다고 생각했던 땅이 때마침 바로 건물을 지어도 될 만큼 잘 정비되어 돌아오자 남편의 마음이 흔들렸다. 열 드라크마를 잃은 여인처럼 등불을 켜고 부지런히 찾은 것도 아닌데, 반짝반짝 빛나는 열 드라크마가 다시 손에 들어오다니, 하나님이 하신 일이 아닌가 싶어서였다. 남편이 부드러운 음성으로 내게 물었다.

"그 땅에다 횃불회관을 지으면 되겠소?"

나는 얼른 횃불회관을 지으려고 모아 둔 저금통장을 가져와 내밀었다. 남편이 통장을 들여다보더니 "300평쯤 살 수 있는 돈이군. 300평을 내주면 되겠소?" 하고 말했다. 3,800평 중에 겨우 300평이라니…. 마음이 상한 나는 입을 꾹 다물었다. 그만한 돈이 없으니 더 달라는 말은 못하고, 섭섭함을 침묵으로 내비쳤다.

일주일이 지나자 남편이 "500평이면 되겠소?" 하고 물었다. 그래도 아무 말 하지 않자 "1,000평은 어떻소?" 하고 다시 물었다. 내가 못 들은 척하고 고개를 돌리니 남편이 "욕심쟁이" 하고 한마디 툭 내던졌다. 그 말에 놀라서 남편을 쳐다봤다. 누구에게도 들어보지 못한 말이었기 때문이다. 남편이 계면쩍었는지 두 손을 들어 항복 표시를 하며 말했다.

"알았어요. 그 땅 다 드리리다."

나도 모르게 "할렐루야!" 하며 손뼉을 쳤다. 이처럼 하나님은 응답을 반드시 이루어 주신다. 그것도 크고 넉넉하게 이루어 주신다. 그날 밤, 나는 초록으로 우거진 숲과 어울리

는 아름다운 건물을 지어 하나님께 올려 드릴 꿈에 부풀어
잠이 들었다.

1991년 10월 30일, 드디어 양재동 횃불선교센터가 문을 열었다. 준공될 무렵에 친정아버지와 첫째 제부가 연이어 세상을 떠났다. 그나마 아버지는 휠체어에 탄 채로 건물이 지어져 가는 것을 둘러보셨으니 감사할 따름이다. 바로 아래 동생의 남편은 간암 진단을 받은 지 2주 만에 황망하게 우리 곁을 떠났다. 사실, 성전을 지을 때마다 이런저런 형태로 어려움을 겪곤 했다. 이번에는 이별의 슬픔이 제물처럼 드려졌다. 죄 많은 인간이 거룩하신 하나님의 성전을 짓는다는 것이 얼마나 두렵고 조심스러운 일인가를 되새길 수밖에 없었다. 하나님 안에서의 이별은 언제나 역설적이다. 슬픔으로 가슴이 아리다가도 그들이 하나님의 품에 안겼다는 사실을 떠올리면 한없는 위로가 되니 말이다.

횃불선교센터는 여러 사람의 기도와 바람대로 아름답게 지어졌다. 우리는 지하 4층, 지상 2층의 건물에 사랑, 희락, 자비, 화평·인내, 양선, 온유·절제 등 크고 작은 성전을 짓고, 다양한 홀과 식당 및 주차장을 포함한 각종 편의 시설을 갖추었다. 특히 사랑 성전은 3,500명이 함께 예배를 드릴 수 있는 널찍한 공간에 영사실, 통역실, 분장실, 공연 대기실 등을 갖추어 대규모 행사도 너끈히 치를 수 있게 만들었다.

성전과 연결된 건물에는 사무 공간을 마련하여 기독교선교횃불재단이 이곳에서 국내외 선교 활동을 지원하도록 했다. 또 숲과 맞닿은 높은 곳에는 선교사나 초청 강사들이 묵을 수 있도록 숙소 건물을 지었다.

지금은 없어졌지만, 처음 지었을 당시에 가장 아름답게 쓰인 곳은 모든 건물의 중심이 되는 중앙 기도실이었다. 둥그런 홀에 카펫을 깔아서 언제든지 누구나 무릎을 꿇고 기도할 수 있게 했다. 또 홀 주변에는 4개의 기도실을 두어서 누구의 간섭도 받지 않고 기도에 몰두할 수 있게 했다. 많은 사람들이 이곳에서 기도하며 하나님과 교제했다.

그래도 횃불선교센터 하면 가장 먼저 떠오르는 이미지는 뭐니 뭐니 해도 성전 바깥에 설치된 모자이크 벽화 '선한 목자상'일 것이다. 높이 21미터, 폭 14미터 크기의 이 벽화는 600만 개의 유리 재질인 세라믹 타일로 꾸며졌다. 2천 년 전통 방식을 따라 제작된 비잔틴 글래스 스몰티를 사용했는데, 건축가들은 비잔틴 글래스를 인간이 만들어 낸 가장 완벽한 외장 재료로 꼽는다고 한다. 세월이 지나도 색이 변하지 않고, 1,200여 가지 색상을 낼 수 있어서 예술적 표현력이 뛰어나기 때문이다. 우리나라 최초로 시도하는 작업이라 멕시코 기술팀의 도움을 받기도 했다. 기도하면서 꿈에서 봤던 목자와 양의 이미지를 디자이너에게 설명해 주었는데, 몇 번의 수정 끝에 그대로 구현해 주었다. 타일 작업만 1년 넘게 걸릴 만큼 많은 사람들이 정성을 쏟았다.

벽화 아랫부분에는 주님의 잃어버린 양들이 선한 목자께 나아오기를 바라는 마음을 담아 요한복음 10장 14절 말씀에서 가져온 "와 보라 나는 선한 목자라 내가 내 양을 알고 양도 나를 아느니라"라는 문구를 새겨 넣었다. 모자이크로 그려진 그리스도께서 바로 앞에 있는 광장을 푸른 초장으로 만들어 주셨다. 하나님이 모세에게 성막 디자인을 세세히 알려 주시고, 브살렐과 오홀리압이라는 장인을 붙여 주셨던 것처럼, 횃불선교센터도 하나님이 주신 아이디어와 만나게 하신 사람들을 통해 정성껏 지을 수 있었다.

선교센터 안에는 나만의 푸른 초장이 있다. 양재동 땅에 센터를 지으려고 계획할 때쯤 나는 40대 중반에 접어들고 있었다. 횃불 사역과 선교센터 건립으로 한창 바쁘던 그때에 대학원 공부를 시작했다. 하나님이 그림 공부를 더 하라고 권하시는 게 느껴졌기 때문이다. 오랜만에 오롯이 나 자신을 위해 시간을 내고, 어릴 때부터 좋아하던 그림을 다시 시작하니 기쁘면서도 울컥했다. 바쁜 시간을 쪼개어 공부하느라 벅찰 때가 많았다. 심지어 졸업할 때는 내 공부를 하느라 막내아들의 고등학교 졸업식에 참석하지 못할 정도였다.

그렇게 공부를 마치고 나니 이상하게도 마음이 후련했다. 그즈음에 하나님이 내게 물으셨다.

"형자야, 너에게 묻고 싶구나. 그림을 다시 하고 싶은 마음이 없느냐?"

나는 1초의 망설임도 없이 "이제 그림에는 미련이 없습니다. 하나님의 일을 하겠어요. 그림이야 가끔 그리면 되죠. 안 그려도 되고요"라고 대답했다.

지금 생각하니 달려온 인생길을 돌아보고, 남은 길을 헤아려야 할 중년에 나아갈 바를 확실히 정할 기회를 주셨던 것 같다. 혹여 그림에 아쉬움이 남지 않도록 배려해 주신 하나님께 뒤늦게 감사를 올린다. 덕분에 나는 주님이 주신 은사를 버리지 않아도 되었고, 그림은 '내게 가지 않은 길'이 아닌 가끔 들러 쉬어 가는 오솔길이 되었다. 대학원 공부를 바탕으로 센터 안에 '트리니티 갤러리'라는 화랑을 열어서 영으로 그림을 그리는 화가들을 발굴하고 돕는 사역을 해 오고 있기 때문이다. 이 화랑이 바로 나를 아시는 주님이 베풀어 주신 나만의 푸른 초장이다. 눈코 뜰 새 없이 바쁘게 사느라 고단할 때, 주님이 베푸신 푸른 초장에서 화가들과 교제하면 마음에 힘을 얻는다.

하나님이 돌려주신 땅에 새 장막을 짓고, 근 30년간 성령의 불같은 역사를 경험했다. 이곳에서 전 세계 그리스도인이 참여하는 세계 대회를 수차례 개최했고, 이곳에 신학대학교를 설립했으며 일부는 온누리교회가 양재 캠퍼스로 사용하면서 매주 예배와 수많은 행사를 쉼 없이 치러 왔다. 잃었다가 다시 얻은 이 땅에서 하나님의 백성이 즐거워하고 기뻐했으니 얼마나 감사한지 모른다. 지금도 매일 이곳으로 출근하는데, 울창한 숲을 배경으로 우아하게 우뚝 선 건물들을 볼 때마다 하나님의 솜씨와 역사에 경이감을 느끼며 감탄한다.

　　　　남편과 나는 하늘이 맺어 주신
부부이자 하나님이 주신 사명을 공유한 동역자라고 할 수
있다. 나는 '횃불 사역'을, 남편은 '할렐루야 사역'을 중심으
로 활동하며 평생 동역해 왔다.
　할렐루야교회는 할렐루야 사역의 근간이라고 할 수 있
다. 남편이 돌아가신 어머니를 기리며 지은 교회인데, 대치

동 테니스장 부지를 바쳐 1980년 11월에 작은 규모로 개척했다가 날로 교인이 늘자 양재동 횃불선교센터를 거쳐 분당으로 옮겨 갔다. 지금의 교회 터는 원래 조계종 사찰이 들어설 예정이었던 종교 부지로, 계획이 변경되면서 할렐루야교회가 들어가게 되었다. 당시 성전 이전을 위해 온 교인이 기쁜 마음으로 헌금하여 건축에 들어갔지만, 1997년 IMF가 닥치고 남편과 내가 혹독한 연단에 들어가면서 몇 년간 완공하지 못한 채로 지내야 했다. 고난 중에도 남편은 교회 건축을 위해 백방으로 애썼고, 결국 준공에 성공했지만 바로 투옥되는 바람에 한동안 그곳에서 예배를 드리지는 못했다. 지금도 그때를 떠올리면, 가슴속 기쁨과 슬픔이 뒤섞여 올라와 눈물샘이 차오르곤 한다.

할렐루야교회와 더불어 할렐루야 축구단이 선교에 큰 역할을 했다. 1980년 12월, 당시 대한축구협회 회장이었던 남편이 우리나라 최초로 프로 축구단을 창설했는데, 그것이 바로 할렐루야 축구단이다. 국내외 선교라는 뚜렷한 목적이 있었던 만큼 독실한 그리스도인 축구인들이 속속 모여들었다. 군 복무를 마친 이영무, 신현호 선수 등과 충의(현 상무 축구단)에서 활약하던 박성화, 홍성호 선수 등 국가대표급 선수들이 참여했다.

운동장에서 선수들이 무릎 꿇고 기도하는 모습은 할렐루야 축구단의 상징이 되었다. 경기 시작 전에 선수들은 십자가 형태로 모여 무릎을 꿇고 기도했고, 중간 휴식 시간에는 관중에게 전도 책자를 나누어 주며 복음을 전했다. 남편은 물심양면으로 축구단을 지원하여 선수들이 삶과 신앙을 분리하지 않고도 자기 은사를 맘껏 펼칠 수 있도록 넓은 장을 마련해 주었다.

1983년 대한민국 프로 축구(K 리그)가 출범하기 전까지 할렐루야 축구단은 교회, 군부대, 교도소 등을 찾아다니며 친선 경기를 펼치고, 간증 집회나 지역 교회들과 연합 예배를 드리며 복음 전도에 앞장섰다. 실력이 출중한 선수들인 만큼 경기마다 수준 높은 기량을 선보였을 뿐만 아니라 깨끗한 매너로 정정당당한 승부를 보여 줌으로써 많은 이의 사랑을 받았다. 할렐루야 축구단이 K 리그 원년 챔피언이 된 것은 어찌 보면 너무나 당연한 일이었다.

특히 축구단은 외국에서 위력을 발휘했다. 복음을 전하

기 어려운 말레이시아, 인도네시아, 러시아 등 모슬렘 지역에 들어가 "할렐루야!"를 목청껏 외쳤을 뿐만 아니라 그들로 하여금 알게 모르게 "할렐루야"를 외치게 했던 것이다. 방송 중계자나 언론이 경기 소식을 전하면서 "할렐루야"라는 축구단 이름을 입에 올릴 수밖에 없었으니, 그것을 듣는 우리는 얼마나 짜릿했겠는가.

그런가 하면 횃불회는 1989년 2월에 횃불 합창단을 창단하여 음악 선교 활동을 시작했다. 할렐루야 축구단처럼, 독실한 음악인들이 생계 때문에 은사를 마음대로 펼치지 못하는 일이 없도록 프로 합창단으로 창단했다. 중세 교회 음악에서부터 현대 성가에 이르기까지 폭넓은 레퍼토리의 성가곡을 불렀으며, 칸타타, 오라토리오, 오페라 등을 연주하기도 했다. 1991년 12월 25일 소비에트 연방(소련)이 해체되고 나서 이듬해 5월에 라트비아의 수도 리가에서 열린 구소련 지역 복음화 선교 대회에서 성가 합창을 듣던 청중이 일제히 일어나 한목소리로 함께 노래했던 일이 특히 기억에 남는다. 그 자리에서 하늘을 향해 두 손 높이 들고 찬양하던 사람들의 눈가가 모두 촉촉해져 있었다.

1970년대부터 시작해서 1990년대에 이르는 기간은 남편
과 내가 성령으로 불타오르는 횃불을 들고, 가슴으로 할렐
루야를 맘껏 외치던 시절이었다.

1990년대가 저물어 갈 즈음, 사나운 칼바람이 불어와 나와 남편을 마구 쳐 댔다. 1998년 새 정부가 들어서자마자 남편이 난데없이 검찰에 연행되었다. 그러더니 바로 그다음 날, 외화 밀반출, 계열사 불법 대출 등의 혐의로 구속되었다. 일사천리로 수사가 진행되어 정신을 차릴 수가 없었다.

어느덧 나는 50대 중반에 들어섰지만, 바깥일에는 여전히 문외한이었다. 30대 초반부터 기도 사역만 해 온 탓에 남편의 사업을 위해 기도하고, 응답받은 대로 행할 줄만 알았지 사업가의 아내로서 갖추어야 할 처세술 면에서는 무지렁이에 가까웠다. 사태 해결은커녕 영문이라도 파악하게끔 도와줄 인맥조차 없었다. 한마디로 세상이라는 정글에서 흔히 쓰는 생존법을 몰랐던 것이다. 갑자기 불어닥친 세상의 모진 바람을 맞고서야 내가 사업가의 아내임을 깨달았으니 더 말해 무엇 할까.

늘 남편과 상의하고, 서로 기도로 힘을 주고받았는데 별안간 홀로 남겨지니 어쩔 줄 몰랐다. 불안한 마음에 하나님께 매달려 기도했지만, 마음의 평정이 깨지기 일쑤였다. 어렵사리 마음을 다잡고 기도에 힘쓰는 한편, 세상사에 밝은 사람들의 조언에 귀를 기울여 보기도 했다. 대개는 누구누구를 만나 사정해 보라는 조언이었다. 그러나 사람을 통해 해결될 문제라면, 오히려 하나님 앞에 엎드리는 편이 훨씬 더 확실할 것 같았다.

그러던 차에 문제의 전화가 한 통 걸려 왔다. 정치계 유력 인사의 부인이었다. 자기가 나를 대신해서 검찰총장 부인에게 고가의 옷을 선물해 주었으니 디자이너 숍에 옷값을 내라는 내용이었다. 그뿐만 아니라 자기가 입을 옷도 골라 두었으니 그 값도 지불하라고 했다. 나는 뜬금없는 이야기에 어리둥절했다. 그런 부탁을 한 적이 없는데, 왜 나를 대신해서 옷을 선물한단 말인가? 그녀는 내가 세상 물정을 모른다는 식으로 짐짓 나무라며, 남편을 구명하려면 그 정도는 기본적으로 해야 한다고 했다. 얼떨떨했지만, 대화를 계속 이어 나갔다. 옷값이 얼마냐고 물었더니 상상도 못할 큰 액수를 불렀다. 수화기를 든 손이 바르르 떨렸다.

"아닙니다. 그 옷을 보내지 마셔야 했습니다. 나는 그런 부탁을 한 적도 없고, 그렇게 큰돈을 함부로 쓸 수도 없습니다. 미안하지만 사양하겠습니다."

최대한 정중하게 거절의 뜻을 밝혔다. 내 반응이 뜻밖이었는지, 그녀가 상당히 당황한 눈치였다. 몇 마디 옥신각신한 끝에 전화를 끊었다. 마침 하용조 목사 부부가 함께 있어서 그 상황을 고스란히 목격했다. 나중에 하용조 목사가 이 일을 증언해 주기도 했다.

나는 여느 가정주부들처럼 시장에서 콩나물 값을 흥정해 본 적도 없고, 유한마담처럼 백화점에서 한가로이 쇼핑을 해 본 적도 없다. 젊은 시절부터 기도 사역을 시작했고, 날로 커져 가는 횃불 사역을 감당하느라 다른 일에 관심을 둘 틈이 없었기 때문이다. 종일 기도하고, 말씀 읽고, 공부하고, 사역하느라 바빴으니 다른 일상은 대부분 포기해야만 했다. 그러다 보니 기업 회장의 아내이면서도 다른 기업의 회장, 사장 부인들과의 교제가 뜸했고, 그들만의 사교 문화에도 어두웠다.

그래도 고가의 옷 선물은 뱀 같은 지혜라기보다는 불의한 뇌물로 생각되었고, 거절의 뜻을 분명히 밝혔으니만큼 그것으로 일단락되리라고 생각했다. 그러나 그들의 상식은 나의 상식과 달랐다. 돈과 힘으로 해결하는 것이 그들의 상식이었다. 조금만 겁을 주면, 내가 알아서 엎드릴 줄 알았던 것이다. 하지만 나는 있는 그대로를 말하고 상식대로 대응했다. "나는 그런 부탁을 한 적이 없고, 옷값을 대납할 생각도 없다"는 뜻을 거듭 밝혔다.

몇 달 사이에 이 일은 대한민국을 뒤흔드는 큰 사건으로

변해 있었다. 어처구니없게도 이 일로 우리나라에 특별검
사제도(특검)가 처음 도입되었고, 청문회가 전국에 생방송
되기도 했다. 나는 그 과정에서 검찰 조사를 받고, 구치소에
수감되면서 생전 겪어 본 적 없던 일들을 경험해야 했다.

구치소에 들어가기 며칠 전에 하나님이 김동길 교수를
통해 내가 구속될 것을 미리 알려 주셨다. 김 교수가 TV 청
문회에 나온 나를 보고 할 말이 있다며 만나자고 연락을 해
왔다. 하 목사 부부와 둘째 여동생 부부와 함께 김 교수 댁
을 찾았다. 결혼하고 나서 처음 만나는 것이었지만, 어릴 때
교회에서 자주 봤던 분이라 그런지 낯설지 않았다. 김 교수
가 돌아가는 상황을 보니 감옥에 들어가게 될 것 같다며 마
음의 준비를 하라고 다독이듯 말해 주었다.

그의 말대로 구속 영장이 청구되었다. 미리 각오한 덕분
에 법원을 향하는 발걸음이 그리 무겁지는 않았다. 영장 실
질 심사를 기다리는 동안, 하 목사가 "언니, 감기 걸리지 않
게 조심해요" 하면서 손수 양말을 신겨 주는데, 오히려 그
의 어깨가 더 무거워 보였다.

그해 겨울은 추위가 기승을 부렸다. 20여 년간 횃불 사역

으로 늘 분주했었는데, 순식간에 모든 일정이 사라지고, 적막함을 느낄 정도로 주변이 조용해졌다. 오롯이 홀로 되어 구치소 냉골 바닥에 누워서 하나님의 말씀을 되뇌었다. 찬물에 빨래하느라 곱은 손을 문지르면서도 계속해서 말씀을 떠올리며 하나님께 마음을 집중했다. 그랬더니 많은 구절 중에 한 구절이 유독 입에서 맴돌았다.

> 이 백성은 내가 나를 위하여 지었나니 나를 찬송하게 하려 함이니라(사 43:21).

내 존재 이유를 확인시켜 주시는 듯했다. '그렇지. 나는 하나님을 찬송하기 위해 지어졌지. 그러니 숨을 쉬는 한 하나님을 찬송하고 또 찬송하자.' 비록 몸은 부대끼고 고단했지만, 내 영혼만은 그 어느 때보다도 평온했다.

살면서 이런 경험을 언제 해 보겠나 하고 생각하니 구치소 생활도 할 만해졌다. 다만 워낙 느긋한 성격에 몸짓이 느릿느릿한 탓에 뭐든지 빨리 해치워야 하는 감옥 문화에 적응하기가 힘들었다. 일주일에 한 번 하는 샤워를 어떻게

5분 만에 끝낼 수 있단 말인가!

한번은 검사와의 면담 시간에 늦었는데, 뭐하느라 늦었느냐며 젊은 검사가 핀잔을 주었다. 설거지하느라 늦었다고 솔직하게 말했더니 평상시에 얼마나 집안일을 안 했으면 그러냐며 빈정거렸다. 듣고 보니 틀린 말은 아니어서 맞는 말씀이라고 맞장구를 치며 행동이 느려서 미안하다고 사과했다. 그랬더니 퉁명스럽게 대하던 검사가 더는 아무 말도 하지 않았다. 역시 검사 앞에서는 진실을 말하고 잘못을 시인해야 한다. 사건에 관한 진술도 진즉에 받아들여 줬더라면 얼마나 좋았을까!

긴 공방 끝에 2000년 11월 9일, 서울지법 319호 법정에서 김대휘 부장 판사가 "로비는 없었다"고 무죄 판결을 내려 주었다. 이 사건에 연루된 다른 유력 인사의 부인들에게는 징역 및 집행유예가 선고되었다. 동아일보는 이 장면을 "검찰의 '최고 정예 수사팀'임을 자랑하는 대검 중수부와 서울지검 특수부가 '급조된' 최병모 특별검사팀에 '완패'했음을 선언하는 순간"이었다고 묘사했다. 재판을 지켜보던 이들이 울고 웃으며 박수를 쳤다.

기쁨의 눈물이 흘렀다. 집으로 돌아가는 것이 그렇게 기쁠 수가 없었다. 그런데 막상 집에 도착해서 침대에 몸을 눕히고 나니 도저히 움직일 수가 없었다. 무죄 판결을 축하해 주러 가족과 친척이 모였는데도 간단한 인사조차 나눌 수 없었다.

그날 거리에는 '무죄 판결'을 알리는 호외 전단이 뿌려졌다. 그러나 청문회만큼 사람들의 관심을 끌지는 못했다. 왜냐하면 그다음 날, 모든 언론이 언제 그런 일이 있었느냐는 듯 입을 다물어 버렸기 때문이다. 이것이 이른바 '옷 로비 의혹 사건'이다. 사실 '옷값 대납 거절 사건'으로 명명해야 옳은데, 흥미 위주로 의혹을 키우고 나서 무죄 판결에 관해서는 침묵함으로써 원래 성격과 다른 이름으로 계속 불리고 있다. 나로서는 참으로 안타까운 일이다.

이 시기에 하나님은 나를 붙잡아 반강제로 쉬게 하셨다. 아직 달려갈 길이 많이 남아 있었기 때문이다. 1999년 8월에 이미 신동아그룹이 정부에 의해 해체되었다. '부실금융기관 지정 및 감자명령'이라는 명분이 있었지만, 사실상 강제로 빼앗긴 셈이다. 22개 회사가 갈가리 찢겨 여기저기로 넘어갔다. 기도하며 우여곡절 끝에 지었던 63빌딩도 고스란히 빼앗겼다. 심지어 회사 로비에 걸었던 내 그림 한 점조차 건지지 못했다. 그러니 나와 남편의 심정이 어땠겠는가?

그나마 나는 2000년에 무죄 판결을 받았지만, 남편은 수감되었다가 풀려났다가 다시 수감되는 등 부침을 겪었고, 2006년 7월에 징역 5년에 추징금 1,574억 원을 선고받았다. 2년 6개월간 수감되었다가 2008년 건강상의 문제로 광복절 특사에 포함되어 풀려났다. 옥고에 시달린 데다가 억울함을 호소하고 싶은 마음과 하나님의 일하심을 기다리며 잠잠히 있고자 하는 믿음 사이에서 부대낀 탓에 심장에 무리가 온 것이다.

남편과 나는 일순간에 모든 것을 잃었다. 남은 것은 살고 있던 집과 양재 횃불선교센터뿐이었다. 잎이 무성했던 나무가 통째로 잘려 나간 기분이었지만, 하나님은 그루터기를 남겨 주셨다. 우리는 남겨진 그루터기에 감사하며 기도하는 일상으로 다시 돌아왔고, 횃불 사역과 할렐루야 사역을 계속해 나갔다. 민둥하던 그루터기에서 금세 새순이 돋아났다.

보라 내가 너를 연단하였으나

은처럼 하지 아니하고

너를 고난의 풀무 불에서 택하였노라

사 48:10

국화菊花는

추위를 이기고

꽃을 피운다

3

십자가에서 흐르는 보혈을 따라가다

즐겁게 소리칠 줄 아는 백성은 복이 있나니
여호와여 그들이 주의 얼굴 빛 안에서 다니리로다

시 89:15

1991년에 횃불회가 한남동에서 양재동으로 이사할 때, 나는 이곳에서 은혜의 샘물이 터지기를 기도했다. 그리고 그 마중물로 횃불회 모임을 통해 알게 된 국내외 저명한 설교자나 신학자들을 초대하여 여러 모임과 행사를 연이어 개최했다. 말씀과 기도의 은혜에 목말라 있던 많은 그리스도인이 사방에서 찾아와 콸콸 솟아나는 생수를 마시고 갈증을 해소했다.

서방 기독교계에서도 양재동 횃불선교센터의 탄생에 큰 관심을 보였다. 일제의 수탈과 6.25 전쟁으로 빈털터리가 되었던 작은 나라가 잿더미를 딛고 일어나 자력으로 88올림픽을 성공리에 치르고 나니 전 세계인이 대한민국을 다시 보기 시작했다. 특히 급성장한 서울의 모습을 상징하는 63빌딩을 지은 신동아그룹의 회장 내외가 하나님을 경외하고, 빌립보의 자색 옷감 장수 루디아처럼 교회와 그리스도인들을 섬긴다는 소식에 전 세계 그리스도인이 크게 기뻐했다. 그래서인지 횃불회가 초청하면 세계에서 손꼽히는 훌륭한 복음 전도자나 고명한 신학자들이 마다 않고 먼 길을 날아와 주었다.

한번은 미국 트리니티 복음주의 신학대학원(Trinity Evangelical Divinity School ; TEDS)에서 교회사 및 기독교 사상사를 가르치던 저명한 신학자 존 우드브리지(John Woodbridge) 교수 부부가 내한하여 선교센터 숙소에서 묵은 일이 있었다. 오가며 마주칠 때마다 그들 부부가 나를 유심히 관찰하는 것 같아서 내가 무슨 실수라도 저질렀나 하는 생각에 신경이 쓰였다. 눈이 마주치면 쑥스러움에 빙긋 웃으며 눈인사만 했는데, 마침내 우드브리지 교수 부인이 내게 말을 걸어왔다.

내 간증을 듣고 싶은데 혹시 녹음테이프가 있으면 달라는 이야기였다. 때마침 사모 횃불회에서 강연할 일이 있어서 그것을 녹음하여 교수 부인에게 건네주었다. 그 테이프를 어떻게 통역하여 들었는지는 몰라도, 우드브리지 교수 부부가 듣기에 내 이야기가 상당히 흥미로웠던 모양이다. 별 뜻 없이 녹음한 그 테이프가 5개 국어로 번역되어 외국 그리스도인들에게 전해졌다.

그것이 다가 아니었다. 당시 우드브리지 교수는 18세기 말부터 현재까지 전 세계 교회사에서 주목할 만한 60명을 선정해 소개하는 책을 기획하던 중이었는데, 내 간증 테이프를 듣고 나서 당시 할렐루야교회를 담임하던 김상복 목사에게 나에 관한 글을 의뢰했다고 한다.

그렇게 해서 1994년 1월, 미국 무디 출판사에서 《그리스도의 대사들》(Ambassadors for Christ)이라는 책이 출판되었다. 근대 선교의 아버지로 불리는 영국 침례교 출신의 인도 선교사 윌리엄 캐리(William Carey)를 시작으로 세계 곳곳에서 활약했거나 활약하고 있는 주님의 일꾼들을 소개한 책이다. 이 책이 기획된 과정을 나중에 들었는데, 교회사 박사이며 작가이자 편집자인 영국 출신의 팀 다울리(Tim Dowley)가 18세기 말부터 20세기까지 탁월하게 활동했던 사역자들을 1차 선정했다고 한다. 그리고 세계복음주의협의회(World Evangelical Fellowship: '세계복음주의연맹'의 전신)가 제출한 주목할 만한 비서구권 사역자들의 목록을 더하고, 전 세계 신학자들의 조언을 받아 최종 60인을 추린 것이었다.

우드브리지 교수는 책에서 나를 "횃불을 든 사람"(A Torch Bearer)으로 소개했다. 영어권에서 'a torch bearer'란 '계몽가, 선구자'를 뜻한다고 한다. 전 세계 사역자 60인 중에 내가 포함되었다니 참으로 놀랍고 과분한 일이다. 하나님의 말씀에 순종하여 횃불을 높이 들었을 뿐인데, 먼 이방 사람들이 알아보고 내 이름을 부르다니 신기할 따름이다. 하나님이 "산봉우리 봉우리마다 마른 가지 가지마다 횃불에 불을 붙여라!"고 하셨는데, 주님은 한반도의 산봉우리만이 아니라 훨씬 더 멀리 있는 산봉우리들도 바라보고 계셨음을 뒤늦게 깨달았다.

전 세계 기독교 지도자들과 교류하기 시작하면서 잃어버린 영혼들에 관한 생각이 넓어져 갔다. 하나님이 손으로 가리키시는 곳들을 마음에 품고 유심히 바라보니 이전에는 이름도 들어본 적 없던 작은 나라나 소수 민족들이 가까운 형제자매처럼 느껴졌다. 그 덕분에 나를 비롯한 횃불회 회원들의 기도 목록이 날이 갈수록 길어지고 다채로워졌다.

당시 교류하던 전 세계 기독교 지도자들 중에 선교 전략가로 유명한 아르헨티나 출신의 루이스 부시(Luis Bush) 박사와의 만남이 특히 인상적이었다. 그는 1990년에 '10/40 윈도우'(10/40 Window)라는 용어를 만들었는데, 이 용어는 북위 10-40도 사이에 있는 미전도 지역을 가리킨다. 유럽, 아시아, 아프리카에 걸치는 광활한 범위로 전 세계 인구의 3분의 2 정도가 이곳에서 살고 있다.

1990년대 당시 세계 인구가 52억이었는데, 부시 박사는 그중 복음을 듣지 못한 인구가 22억이나 된다고 말했다. 그런데 15만 개신교 선교사 중에 약 7퍼센트만이 미전도 지역에서 활동하고 있다니, 이 10/40 윈도우 지역에서 우리나라 선교사들이 감당해야 할 몫이 얼마나 크겠는가? 그의 이야기를 들으며 설렘 반, 두려움 반으로 가슴이 쿵쾅거렸다. 21세기를 앞두고 있는 상황에서 우리에게 큰 도전이 되는 사명을 발견한 것이었다.

1974년, 미국의 빌리 그레이엄 목사를 주축으로 150여 개국을 대표하는 3,000여 명의 선교 지도자들이 모여서 "온 땅이 주님의 음성을 듣게 하라"(Let the earth hear His voice)는 주제로 첫 번째 로잔회의(Lausanne Congress)를 열었다. 이후 1989년에 필리핀 마닐라에서 2차 회의가, 2010년에 남아프리카공화국 케이프타운에서 3차 회의가 열렸다.

1989년 2차 로잔회의 때, 당시 지구상에 복음을 듣지 못한 종족이 약 12,000개에 달한다는 연구 결과가 발표되었다. 1991년에는 미국의 선교학자 랄프 윈터(Ralph D. Winter) 박사가 12,000개 미전도 종족을 이슬람교 4,000개 종족, 힌두교 2,000개 종족, 불교 1,000개 종족 등으로 세분하기도 했다.

루이스 부시 박사가 20세기가 저무는 2000년 말까지 전 세계 12,000개 미전도 종족에 복음을 전하자는 뜻으로 "AD 2000 and Beyond Movement"라는 세계 복음화 운동을 주도했고, 나도 그와 뜻을 같이했다.

부시 박사뿐 아니라 빌리 그레이엄 목사나 예수전도
단(YWAM: Youth With A Mission)을 설립한 로렌 커닝햄(Loren
Cunningham) 선교사 등과도 교제를 나누며 온 열방에 성령의
불이 번져 나가기를 함께 기도했다.

서울에서 기독교계의 유엔 총회를 열다

뛰어난 선교 전략가이자 운동가인 루이스 부시 박사가 어느 날 뜻밖의 제안을 해 왔다. 선교를 학술적으로만 다루는 로잔회의에 갈증을 느낀다면서, 서울에서 세계 선교 대회(Global Consultation Of World Evangelization; GCOWE)를 열어 성령 운동을 활발히 펼쳐 보자는 것이었다. 그러나 선뜻 대답할 수가 없었다. GCOWE는 기독교계의 유엔 총회로 불릴 만큼 규모가 큰 대회라 방대한 예산, 엄청난 인력과 조직과 프로그램이 필요하기 때문이다. 과연 그 모든 것을 우리가 감당할 수 있을까 하는 부담감이 앞섰다.

두렵고 떨리는 마음으로 하나님 앞에 무릎을 꿇었다. 조용한 가운데 하나님이 내 안에 부어 주시는 충만한 기쁨이 느껴졌다. 이것은 유치원 때 황금빛 광채에 휩싸여 춤을 추었던 이래로 나로 하여금 하나님의 뜻을 확신하도록 해주시는 일종의 사인과도 같았다. 그러더니 그 기쁘신 뜻을 확정해 주시는 듯 내 마음에 이렇게 속삭이셨다.

"내가 너를 안다."

무엇이 더 필요할까? 그 한마디면 족했다. 내 부족함과 연약함을 하나님이 아시지 않는가. 내가 하는 것이 아니라 하나님이 하시는 일임을 잊지만 않으면 된다고 생각하니 마음이 한결 가벼워졌다. 나는 횃불재단과 함께 중국 기독교계의 대부로 불리는 토마스 왕(王永信) 목사, CCC 대표 김준곤 목사와 동역하여 GCOWE를 준비하기로 했다.

오랜 준비 끝에 1995년 5월, 드디어 GCOWE '95의 막이

올랐다. "AD 2000년까지 족속마다 교회를, 사람마다 복음을"(A church for every people and the gospel for every person by AD 2000)이라는 주제로, 열흘간 횃불선교센터, 충현교회, 사랑의교회, 잠실종합운동장 등에서 예배 및 행사와 전략 개발을 위한 위원회 모임들이 열렸다. 당시 미수교국이었던 쿠바, 캄보디아('97년 수교) 등을 포함하여 전 세계 217개국에서 4,700여 명이 참석했다.

특히 5월 20일 토요일에는 비가 보슬보슬 내리는데도 잠실종합운동장에 대회 참가자 전원과 우리나라 대학생 7만여 명과 일반 성도 등 무려 10만여 명이 한자리에 모여 세계 복음화를 위해 뜨겁게 기도했다. 그때 느꼈던 감동이 지금도 생생하다. 이날은 특별히 88올림픽 구호로 유명한 "세계는 서울로, 서울은 세계로"를 주제로 한국과 북한과 세계를 위해 기도했다. 그 자리에서 김준곤 목사가 매일(1일) 오후 1시에 1분씩 북한 주민의 영혼 구원과 남북한 통일을 위해 기도하자고 제안했는데, 이것이 바로 '111 기도 운동'이다. 20여 년이 지난 지금도 CCC 소속 대학생들은 111 기도를 계속하고 있으니, 언젠가 통일이 된다면, 젊은 대학생들에게 고개 숙여 감사 인사를 해야 할 것이다.

기독교의 유엔 총회답게 참가자 중에는 복음 사역자뿐 아니라 세계 유력 인사들도 많았다. 조지 갤럽(George Horace Gallup) 미국 여론 연구소 회장, 제롬 하인즈(Jerome Hines) 메트로폴리탄 오페라단 단장, 조이스 아리이(Joyce Aryee) 전 가나 총리, 마크 햇필드(Mark Hatfield) 미 상원의원, 데이비드 에이크먼(David Aikman) 타임지 논설 주간, 고드프리 미얀다(Godfrey Miyanda) 잠비아 부통령, 카를로스 가르시아(Carlos Garcia) 전 페루 부통령, 해리 덴트(Harry S. Dent) 전 미 백악관 보좌관 등이 참석했다.

세상에서의 지위를 내려놓고, 누구나 한 사람의 그리스도인으로서 참가하는 대회여서 그런지 생각지도 못한 소동이 벌어지기도 했다. 당시 정권을 잡고 있던 김영삼 대통령이 한 여성 참가자를 청와대로 초청했는데, 아프리카 레소토왕국의 마모하토(Mamohato) 여왕이 GCOWE에 참가한 것을 뒤늦게 알고 그리한 것이었다. 비공식 방문이긴 하지만 국가 원수의 내한을 청와대에서 모른 척할 수 없었던 것이다.

전 세계 지도자들이 선교 전략을 논의하기 위해 모인 대회이니 만큼 '10/40 윈도우' 이론을 중심으로 크게 다음 세 가지 방향의 전략을 이끌어 냈다.

첫째, 각 지역의 사역 환경을 점검하고, 21세기까지 주님이 주신 지상명령을 성취하기 위하여 효과적인 전략을 개발하기로 했다. 둘째, 나라 단위에서 종족 단위로 선교 전략을 완전 전환하기로 했다. 셋째, 미전도 종족이 밀집해 있는 '10/40 윈도우' 지역에 집중하여 사역별 대단위 협력 라인을 구축하기로 했다.

그 실천 사항으로, 6개 대륙을 11개 지역으로 나누어 기도 망을 짜고, 세분하여 작은 기도 모임을 조직해서 점진적으로 발전시키기로 했다. 또한 미전도 종족당 10명 이상의 후원자를 확보하기로 했다. 그러기 위해서는 지속적으로 후원할 수 있는 교회나 선교 단체의 역할이 중요했다. 이때 종족 '입양'이라는 개념이 도입되었다. 즉 '미전도 종족 입양'이란 한 종족에 복음을 전하기 위해 할 수 있는 모든 것을 다하고, 복음이 들어간 후에는 그들이 스스로 교회를 세울 때까지 책임지고 보살펴야 함을 뜻한다.

열띤 논의 끝에 12,000개 미전도 종족을 각 나라의 비전과 형편에 따라 배분했다. 우리나라는 2,000개 종족을 할당받았는데, 그중 100개 종족을 횃불재단이 입양하기로 했다. 이때 입양한 100개 종족을 복음화하기 위해 설립한 것이 바로 횃불트리니티신학대학원대학교(1998년 설립)이다.

그때까지 우리나라에서 한 번도 열린 적이 없던 세계 선교 대회를 성공적으로 치를 수 있었던 것은 여러 교회 및 단체의 협조와 남편의 재정적인 지원 덕분이었다. 특히 남편이 63빌딩에서 나오는 수익의 십일조 전액을 기꺼이 헌금해 주어 세계 각지에서 온 믿음의 형제자매들을 잘 대접할 수 있었다. 하나님이 그 모든 수고를 기억하시고, 각 교회에 이루 말할 수 없는 기쁨과 은혜를 부어 주셨으며, 남편의 사업에도 풍성한 은혜를 베풀어 주셨다.

—
하늘을 날줄로, 땅을 씨줄로
—

　　　　　　남편은 사업가라 그런지 돈을
허투루 쓰는 법이 없다. 심지어 아내인 내가 하는 사역에도
여간해서는 재정 지원을 해 주지 않았다. 아내가 하나님의
말씀 아래 조심스럽게 한 발, 한 발 내딛기를 바랐을 테니,
이해 못할 일은 아니다. 어쩌면 언젠가는 내가 평범한 아내
요 엄마로 돌아오기를 바라는 마음에 일부러 섭섭할 정도

로 도와주지 않았는지도 모른다.

그러나 다른 사역들은 통 크게 지원하고 후원해 주곤 했다. 지금은 제법 큰 규모로 성장한 교회들의 성전 건축을 돕기도 했는데, 하나님의 집을 짓는 마음으로 정성을 다했다. 선친의 뒤를 이어 신동아그룹을 맡게 된 남편이 가장 먼저 챙겼던 것이 바로 예배다. 하나님 앞에 2세 경영의 부담감을 내려놓고, 지혜와 담대함을 구해야 했기 때문이다. 당시 월요일마다 대한생명과 콘티빵 회사에서 예배를 인도해 주셨던 분이 바로 광림교회 김선도 목사다.

어느 날, 김선도 목사가 우리 부부에게 점심을 대접해 주었다. 뭔가 어려운 부탁이 있는 것 같았다. 아니나 다를까, 성전 건축의 어려움을 토로하며 당장 2억 원이 필요하다고 했다. 그 당시 압구정동 현대아파트 한 채 값이 1,600만 원이었는데 석유 파동으로 전 세계가 몸살을 앓던 터라 남편이 쉽게 구할 만한 규모의 돈이 아니었다. 우리 부부는 조심스럽게 기도해 보겠다고 말했다.

그날 밤, 평소처럼 잠자리에 들기 전에 남편과 말씀을 읽고 나서 무릎을 꿇고 기도했다. 기도하는 내내 낮에 만났던 김 목사의 근심 가득한 얼굴이 아른거렸다. 그런데 꿈속에서 김 목사를 다시 만났을 때는 전혀 다른 얼굴을 하고 있었다. 제3한강교(지금의 한남대교) 아래서 김 목사가 그물을 내렸는데, 그물이 찢어질 정도로 물고기가 가득 올라왔다. 땀이 송골송골 맺힌 그의 얼굴에서 빛이 났다. 꿈속에서도 하나님이 광림교회에 큰 은혜를 베푸실 것을 알 수 있었다.

그다음 날, 아침에 일어나자마자 남편에게 꿈 이야기를 해 주었다. 남편은 잠시 생각에 잠기더니 바로 전화기를 들었다. 김선도 목사에게 급한 대로 1억 원을 먼저 드리겠다고 말했다. 회사 자금의 여유가 없어서 2억 원을 한 번에 구하지 못한 것이다. 1억 원을 더 융통하여 광림교회에 무담보 무이자로 2억 원을 빌려 주었다. 그 덕분에 성전 건축이 본격적으로 시작되었고, 하나님이 주신 꿈대로 광림교회는 날이 갈수록 급성장해 갔다.

남편은 광림교회뿐 아니라 돌아가신 어머니를 기리며 할렐루야교회 성전을 지었고, 동서지간인 하용조 목사가 개척한 온누리교회의 성전 건축도 도왔다. 1980년대 초 신동아건설이 서빙고동에 대규모 아파트 단지를 짓기 시작했는데, 남편은 문득 이렇게 좋은 땅에 아파트를 지어 돈만 벌어서야 되겠나 하는 생각이 들자, 땅의 십일조를 하나님께 드리기로 결심했다. 남편은 곧바로 하 목사에게 전화를 걸어 그 땅에 교회를 세울 것을 권했다. 당시 하 목사는 지병인 간경화가 재발하여 요양차 영국에서 유학 중이었는데, 고민 끝에 남편의 제안을 받아들였다. 그리하여 우리가 십일조로 드린 부지에 세운 것이 바로 온누리교회다. 할렐루야교회나 온누리교회나 모두 크게 성장하여 우리나라 기독교를 대표하는 교회들이 되었으니 얼마나 감사한 일인가.

1980년에는 극동방송국 이사장으로 취임하자 열악한 환경의 낡은 건물을 헐고 새 건물을 지어 하나님께 바쳤고, 할렐루야 축구단을 창단하여 문화 선교에 박차를 가하기도 했다. 1989년에는 아세아연합신학대학교 제3대 이사장에 취임하여 학교의 기반을 다지는 데 이바지했다. 그뿐만 아니라 교계에서 대형 집회가 열릴 때마다 물심양면으로 아낌없이 후원하곤 했다. 이처럼 남편이 지원하거나 후원하는 사역은 그 규모가 워낙 커서 헌금 단위의 차원이 달랐다.

그렇게 많은 사역에 재정 지원을 아끼지 않으면서도, 남편은 내가 하는 사역에는 매정할 정도로 지원을 아꼈다. 하지만 꼭 필요한 때에는 어김없이 도움을 주었다. 특히 공부하고자 하는 신실한 인재들에게는 장학금을 아낌없이 지원해 주었고, 횃불회를 통해 수많은 고아원을 후원해 주었다. 무엇보다도 남편의 도움이 없었다면, 양재 횃불선교센터가 지금처럼 멋진 모습으로 지어지지 못했을 것이다.

하지만 평소 횃불회의 운영 자금은 대부분 자체 해결해야 했다. 자금이 부족할 때마다 나는 어떻게든 재정을 마련할 아이디어를 내야만 했다. 여간해서는 도와주지 않는 남편에게 떼를 쓸 수도 없었다. 나도 어엿한 사역자인데, 자존심이 있지 않겠는가? 그래서 생각해 낸 것이 음악회나 전시회 같은 문화 기획이나 후원 저금통이었다.

필요할 때마다 피아니스트 한동일 씨나 첼리스트 정명화 씨와 같은 훌륭한 음악가들의 도움을 받아 후원 음악회를 열었다. 한동일 교수(현 순천대학교 석좌 교수)는 미국 줄리아드 음악 학교를 졸업하고, 1965년에 한국인 최초로 뉴욕 레벤트리트 콩쿠르(Leventritt Competition)에서 우승한 인재로, 뉴욕 필하모닉, 런던 필하모닉, 로열 필하모닉 등 세계적인 교향

악단과 협연했으며 케네디 대통령의 초청으로 백악관에서 연주한 바 있는 세계적인 피아니스트다. 첼리스트 정명화 씨는 두 동생 바이올리니스트 정경화 씨, 지휘자 겸 피아니스트 정명훈 씨와 함께 정 트리오(Chung Trio)로 더 유명하며, 동양인 최초로 제네바 콩쿠르(Geneva Competition)에서 우승했던 세계적인 음악가다. 고맙게도 그런 저명한 음악가들이 기꺼이 재능 기부를 해 주었다. 그리고 틈틈이 그림 전시회를 열거나 후원 저금통을 만들어 캠페인을 벌이기도 했다.

남편이 수많은 사람이 "할렐루야"를 외칠 만큼 굵직한 일들을 했다면, 나는 손에서 손으로 믿음의 "횃불"을 전하는 소소하지만 뜨거운 사역을 했다고 할 수 있다.

경천위지(經天緯地)라는 말이 있다. "하늘을 날줄로 삼고, 땅을 씨줄로 삼는다"는 말이다. 천을 짤 때, 세로 방향으로 놓인 날줄과 가로 방향으로 놓인 씨줄이 아름다운 무늬를 만들어 내듯이 역사를 아름답게 그려 나가시는 분이 누구인가? 바로 만물을 섭리대로 다스리시는 하나님이 아닌가? 알뜰하신 하나님은 남편과 나의 사역을 씨줄과 날줄로 엮어서 아름다운 그림을 그려 가셨다.

세
계
선
교
의
허
브,
횃
불
센
터

GCOWE '95를 통해 100개 미
전도 종족을 입양하게 된 나는 바로 실천 연구에 돌입했다.
어떻게 하면 횃불재단이 100개 종족을 가슴에 품고, 그들
가운데 교회가 세워질 때까지 도울 수 있을지 궁리했다. 미
전도 종족을 복음화하려면 선교사들이 필요하니 교육을 통
해 선교사들을 양성하는 것이 우선이었다.

뜻밖에도 근 20년간 횃불회를 섬긴 경험과 미국 트리니티 신학대학원과 맺은 좋은 인연이 실마리가 되었다. 횃불회에서 목회자들을 위한 교육 프로그램을 기획하고 운영해 본 경험이 도움이 된 것이다. 또한 1990년대 초에 아시아의 작은 나라 한국에서 성령 횃불 운동이 일고 있다는 소식을 들은 미국 트리니티 신학대학원의 케네스 메이어(Kenneth M. Meyer) 총장이 내게 명예박사 학위를 수여하고 싶다고 찾아온 것이 계기가 되어 세계 신학계와의 교류가 활발해진 이유도 있었다.

사실, 메이어 총장의 제안을 처음에는 정중하게 거절하려고 했다. 40대 중반의 젊은 나이에 명예박사가 웬 말인가 했던 것이다. 그런데 나같이 평범한 여 성도가 큰 규모의 선교회를 운영한다는 사실에 고개를 갸웃거리는 사람들이 많다는 사실을 무시할 수 없었다. 박사 학위가 횃불회 운영에 도움이 될 것이라는 주변 사람들의 조언에 메이어 총장의 제안을 수락하기로 했다. 그래서 1992년에 아시아 여성으로는 처음으로 명예박사 학위를 받게 되었다.

남편이 답례로 미국 트리니티 캠퍼스에 교수 연구관을

지어 주었고, 학교는 이 건물에 리 센터(Lee Center)라는 이름
을 붙여 주었다. 기증자인 남편의 이름 대신에 내 이름이 쓰
인 것은 남편이 자신은 한낱 사업가에 지나지 않는다며 한
사코 사양하고, 횃불 사역을 하고 있는 아내 이름을 하나님
앞에 올려 드리기를 원했기 때문이다.

상호 우호적인 관계가 맺어진 김에 미국 트리니티에서
가르치고 있는 세계적인 석학들을 국내로 초청하여 강의를
듣는 프로그램을 기획했다. 그렇게 해서 개설한 것이 2년간
8주에 걸쳐 1주일에 40시간씩 세계적인 석학들의 강의를
듣고 정식 수료증을 받는 디플로마(Diploma) 과정이다.

'8학차'로도 불린 이 과정은 당시 목회자들에게 큰 인
기였다. 매회 800여 명이 참석할 정도로 성황을 이루었다.
8주차 과정을 이수하면 미국 대학의 학점을 인정받을 수 있
으므로 유학을 계획하는 목회자들에게는 둘도 없는 기회였
던 것이다. 교수들에게나 학생들에게나 횃불재단에도 모두
유익한 경험이었다.

미국 트리니티는 8학차를 성공적으로 운영한 횃불재단
에 깊은 신뢰감을 갖게 되었고, 그 덕분에 GCOWE '95 이

후에 우리가 입양한 100개 미전도 종족에 보낼 선교사들을 교육할 계획을 세울 때, 그들이 먼저 우리에게 분교 설립을 제안하기에 이르렀다.

그러나 당시 국내 교육법상 미국 신학교의 분교 설립은 허가되지 않았으므로, 결국 횃불재단이 정식으로 학교를 설립하고 난 뒤에 미국 트리니티 신학대학원과 자매결연을 하기로 했다. 곧바로 학교 법인을 설립했으나 인가를 받기까지는 3년이 걸렸다. 문화부 산하에 있는 횃불재단은 학교를 설립할 수 없다는 것이 교육부의 의견이었다.

학교 설립을 둘러싸고 공방이 벌어지는 동안에 학교 건물 면적과 관련된 까다로운 규정 탓에 한동안 양재 횃불선교센터 일부를 벽돌 가벽으로 막고 생활해야 했다. 잘되리라는 보장이 없으니 막무가내로 설립을 계속 추진할 수도 없고, 그렇다고 중도에 포기할 수도 없는 상황이었다. 법인은 있으나 학생들을 모집할 수 없으니 가슴으로 눈물을 흘릴 수밖에 없었다.

그러나 이 문제 또한 신뢰로 해결되었다. 횃불재단의 20년 역사를 신뢰한 문화부가 서울시에 학교 설립 건을 위임함으로써 얽혔던 실타래가 풀린 것이다. 1997년에 드디어 햇불트리니티신학대학원대학교의 설립 인가가 떨어졌다.

이듬해 1월에 문학 석사(M.A.), 목회학 석사(M. Div.), 신학 석사(Th. M.) 과정의 첫 신입생을 선발하여 학교법인을 설립한 지 3년 만에 마침내 햇불트리니티신학대학원대학교가 정식 개교했다. 그야말로 목이 마르고 피가 마르는 3년이었다.

첫 학기부터 자매결연을 한 미국 트리니티 신학대학원의 교수들이 직접 와서 강의해 주었다. 당시 대학원 중에서 영어로 강의할 뿐만 아니라 미국에서 인정받는 석·박사 학위를 받을 수 있는 곳은 우리가 유일했다.

영어로 진행하는 수업 방식이 부담스러울 텐데도 목회자들의 기대가 대단했다. 배움의 갈증은 있으나 목회 현장을 떠나지 못해 유학의 꿈을 접어야 했던 연로한 목사들과 패기와 열정으로 무장한 젊은 목사들이 한자리에 모여 수업을 듣게 되었다.

그런데 첫 수업을 마치자 생각지도 못한 일이 벌어졌다. 나이 든 목사들이 강의를 들으며 연신 고개를 끄덕이면서도 수업 내용을 필기하지 못해 허망한 표정으로 헛웃음을 짓고 있었던 것이다. 무모한 시도였나 하고 낙담할 만한 분위기였다.

그때 몇몇 젊은 목사들이 나서서 선배 목사들을 위해 강의 내용을 녹취해서 공유해도 될지 학교 측에 물어 왔다. 사정을 들은 외국인 교수들이 양해해 주었는데, 젊은 목사들이 얼마나 신속하고도 꼼꼼하게 기록했던지 네 시간 강의가 끝나자 거의 바로 190쪽에 달하는 노트 필기가 공유되었다. 그 모습을 본 교수들이 깜짝 놀랐다. 이때부터 강의를 녹취하여 함께 공부하는 것이 하나의 문화가 되었고, 지금은 전통으로 자리 잡았다. 2005년에 한국어 과정이 개설될 때까지 수업은 내내 영어로 진행되었다.

미국 트리니티와의 관계가 어찌나 돈독한지 메이어 총장이 퇴임 후에 한국에 와서 김상복 초대 총장에 이어 2대 총장이 되기도 했다. 이런 신뢰와 협력을 바탕으로 2016년에는 목회학 박사 과정(Doctor of Ministry: D. Min)이 개설되어 국내에서 미국 학위를 받을 수 있게 되었다.

지난 20여 년은 횃불트리니티를 향한 하나님의 계획이 내 생각보다 훨씬 원대함을 깨달아 가는 시간이었다. 횃불트리니티는 한국 목회자들에게는 훌륭한 배움터요 세계 선교를 위해 제 할 몫을 찾아가는 곳이 되었고, 제3세계 그리스도인들에게는 전 세계 선교 네트워크에 닿을 수 있는, 더할 나위 없이 좋은 접점이 되었다.

선교지에서 우수한 인재를 초청하여 교육하고, 다시 현지로 파송하는 지도자 양성 프로그램은 횃불트리니티의 독특한 사역이다. 유학생 중에서 엄격한 기준을 통과한 장학생들에게는 학비와 기숙사비를 전액 지원해 주고 있다. 2018년 말 기준으로, 장학 프로그램의 혜택을 받은 학생은 아시아, 동유럽, 중동, 아프리카, 라틴아메리카, 오세아니아 등 44개국에서 온 180여 명에 달한다. 지금까지 배출된 1,400여 명의 졸업생이 세계 50여 개국에서 사역을 하고 있다.

서구권으로 유학 가기에는 벅찬 동남아와 아프리카의 학생들이 우리나라에 오고, 한국의 신학과 선교를 배우고자 하는 전 세계 학생들이 횃불트리니티를 찾는다. 특히 북한과 중국의 가정교회가 한국 교회의 도움을 절실히 원하기에 그들에게 파송할 사역자들을 양성하는 데 더욱 정성을 기울이고 있다.

그동안 내가 깨달은 것은 하나님이 한국 교회와 선교 현장을 연결하고 섬기는 사명을 우리에게 주셨고, 재외 한인 동포와 재한 외국인을 복음 전도자로 세우는 사명 또한 주셨다는 사실이다.

그래서인지 하나님은 미국 트리니티 신학대학원이 한국어로 쓴 논문에 학위를 수여하게끔 이끌어 주셨다. 영어가 아닌 언어로 쓰인 논문의 학위 인정은 아시아권에서는 처음 있는 일이다. 심지어 만장일치로 결정되었다고 하니, 하나님이 한민족을 세계 선교의 역군으로 훈련시키고 계심을 분명히 알 수 있다.

아시아 대륙에서 조금 뻗어 나온 한반도, 그것도 반 토막 난 땅덩이에 세워진 작은 학교를 세계 선교의 허브로 삼으시다니! 그야말로 사람의 꾀와 지혜를 무색하게 하시는 하나님다운 선택이 아닌가?

1991년 양재 횃불선교센터를 준
공한 뒤에 크고 작은 행사를 연달아 열고, 기독교계의 유엔
총회로 불리는 GCOWE '95를 치르면서 우리나라뿐 아니
라 전 세계에 복음 횃불이 번져 나가는 것을 목격했다. 그뿐
아니라 미전도 종족을 향한 선교 횃불이 우리나라 전역에
퍼져 가는 것 또한 목도했다. 횃불트리니티를 준비하고 설

립하는 과정에서 하나님의 계획과 손길을 경험하고, 한국 목회자들의 성심 어린 열정을 보면서 한없이 설레고 기뻤다. 얼마나 가슴 벅찬 시간이었던가!

그런데 빛이 강할수록 그림자가 짙다는 말이 있듯이 광채가 가득했던 1990년대가 저물면서 짙고 긴 그림자가 나와 남편을 덮쳤다. 하루아침에 남편이 구속되더니 나까지 옷 로비 의혹 사건에 휘말려 재판을 받았다. 결국, 기도로 지은 63빌딩을 비롯해 선친으로부터 물려받아 정성껏 키워 온 회사들을 모두 잃고 말았다.

우리에게 남은 것은 양재 횃불선교센터와 횃불트리니티 신학대학원대학교와 살던 집, 그리고 오랜 세월 함께해 온 횃불회와 믿음의 동역자들뿐이었다. 다행히도 나는 2000년에 무죄 판결을 받았지만, 남편은 2008년에 광복절 특사로 풀려날 때까지 재판과 투옥을 몇 차례 더 치러야만 했다.

그나마 횃불트리니티와 횃불 사역 덕분에 칠흑같이 어둡고 암담한 시기를 견딜 수 있었다. 그리고 할렐루야교회 식구들과 온누리교회 하용조 목사의 지지와 격려가 있어서 바닥에 주저앉지 않고, 더디지만 믿음의 여정을 계속해 갈

수 있었다.

GCOWE '95 대회 때 입양한 100개 미전도 종족의 선교를 위해 횃불트리니티를 설립하고 횃불 사역을 계속하면서도 이전처럼 큰 행사를 기획하거나 유치하지는 않았다. 신동아그룹의 해체와 남편의 구속으로 의기소침해져서 큰일을 벌일 엄두를 내지 못한 것이다. 마치 로뎀 나무 아래에서 하나님의 공급하심으로 먹고 잠자며 힘을 얻듯이, 나는 몇년간 몸과 마음을 추스르며 조용히 지냈다.

그러던 어느 날, 일본인 선교사 부인이 노봉린 박사의 소개로 왔다면서 만남을 요청했다. 비서를 통해 용건을 들으니, 선교사 부인이 기도 중에 "아시아권 여성만을 위한 선교 대회를 한국에서 열라"고 하시는 하나님의 음성을 듣고, 노 박사에게 의논했더니 나를 소개해 주었다는 것이었다. 선교 대회라니…. 당시 상황에서는 꿈도 꾸지 못할 일이었다. 나는 비서를 통해 정중하게 거절했다. 그러나 만나 줄 때까지 선교사 숙소에서 기다리겠다는 메시지가 돌아왔다. 일본에서 일부러 찾아오셨으니 만나기는 하겠지만, 새로운 일을 기획할 형편은 못 된다고 미리 양해를 구할 수밖에 없었다.

그런데 막상 대면하여 하나님의 음성을 들은 이야기를 들으니 도저히 거절할 수가 없었다. 아시아에서 5개국 정도를 초청하면 되지 않겠느냐고 말하며 선교사 부인의 제안을 받아들였다. 그러나 여전히 엄두가 나지 않으므로 다른 이에게 기획과 진행을 부탁하려고 했다. 하지만 큰 대회를 개최한 경험이 있는 사람이 없어서 그것도 여의치 않았다. 결국, 내가 직접 나설 수밖에 없는 상황이 되었다.

이것이 바로 2007 WOGA(Women Of Global Action, 세계여성리더 선교대회) 대회가 탄생하게 된 계기다. WOGA를 준비하면서 하나님의 복음 횃불이 내 속에서 내내 잠잠히 불타고 있었음을 깨달았고, 하나님이 주시는 회복의 은혜를 오롯이 경험할 수 있었다.

오랜만에 "횃불을 든 사람"으로 돌아와 간간이 캄보디아, 중국, 네팔 등지를 다니며 선교사들을 돕거나 복음 전도의 길을 다시 개척하기 시작했다. 선교지 현장 상황에 따라 여러 가지 전략을 적용해 봄으로써 실무 감각을 익히는 기회로 삼았다.

2005년에 캄보디아 어린이들이 신발이 없어서 맨발로 다닌다는 이야기를 듣고 신발을 마련해 전달차 방문한 적이 있었다. 그런데 현장을 가 보니 아이들의 질병을 돌보는 것이 더 시급해 보여서 급히 작은 병원을 설립하여 현지 그리스도인에게 운영을 맡겼다. 개원하자마자 수천 명의 어린 환자들이 몰려들었다.

하지만 운영에 어려움이 많았다. 인구의 95%가 소승 불교를 믿는 캄보디아에서 어렵게 믿음 생활을 하는 그리스도인에게 병원을 맡겼지만, 그를 제외한 나머지 인력이 모두 비그리스도인이었던 탓에 정체성이 흔들려 결국 10년 만에 폐쇄할 수밖에 없었다. 이를 통해 선교지에서 구제 사역을 펼칠 때는 인력 구성을 어떻게 해야 하는지를 배우게 되었다.

2006년에는 중국의 여러 지역에 학교와 빵 공장을 세웠는데, 당국의 관리 소홀로 배우지 못하는 학생이 많았다. 네팔에 세운 교회는 현지인들의 핍박으로 곧 헐렸는데, 허물면 다시 짓기를 세 번이나 반복해야 했다. 이처럼 희비가 교차하는 일이 빈번했지만, 내 마음속 횃불은 흔들리는 법이 없었다.

억울함과 상실감으로 한동안 고통의 시간을 보냈지만, 어느 날 문득 생살을 에는 고통을 안겼던 마음의 상처를 더듬어 보니 진물 대신에 하나님의 사랑이 강물처럼 흐르고 있었다. 주님을 믿는 믿음으로 배에서 생수의 강이 흘러나오듯이, 인내하는 믿음으로 견디고 버티면 상처에서 사랑과 은혜가 강물처럼 흐른다는 사실을 배웠다. 하나님은 어제나 오늘이나 변함없이 사랑이시다.

2007년 10월 15일부터 19일
까지 "스피드 업 2007"(Speed Up 2007)이라는 주제로 2007
WOGA 대회를 개최했다. 전 세계 74개국의 미전도 종족
여성 지도자 1,240명을 초청했는데, 초청장 없이 참여한 인
원이 있어서 참가국이 82개국으로 늘어났다. 근 7년 만에
양재 횃불선교센터와 올림픽 체조 경기장에서 큰 대회를

연 것이다.

2007 WOGA 대회는 GCOWE '95에서 발표한 미전도 종족 선교 전략을 실천한 대회라고 할 수 있다. 그런 만큼 2007 WOGA와 GCOWE '95는 서로 밀접한 관계가 있다. 세계 곳곳에 남아 있는 미전도 종족에 복음을 전하는 사명을 여성 리더십이 주체적으로 감당하고자 하는 노력의 일환이 바로 2007 WOGA 대회였기 때문이다.

모든 여성을 그리스도의 제자로 삼아 모든 족속에 복음을 전한다는 큰 목표 아래, 전략적으로 미전도 종족 출신의 여성 지도자를 발굴하여 훈련시킴으로써 자기 종족에게 복음을 전하게 하려는 것이 대회의 목적이었다. 여성이 남성을 돕는 배필로만 머물지 않고, 여성 스스로 리더십을 세우고 선교 네트워크를 구성하여 자기 종족에게 복음을 전한다는 창의적인 선교 전략이 미전도 종족 선교에 신선한 자극이 되었다.

결과는 성공적이었다. 전 세계 많은 여성이 2007 WOGA를 통해 비전을 품었고, 리더로 성장해 갔다. "엔게디 포도원의 고벨화 송이"(아 1:14)처럼 하나님이 보시기에 어여쁘고 어여쁜 여성들이 자신 안에서 선한 지혜와 강인한 아름다움을 발견하는 시간이었다. 그 열매로 2008 WOGA Japan과 2009 WOGA Africa가 연이어 열렸다.

이 아름다운 열매를 맺기 위해서 수년간 철저히 준비했다. 앞에서 언급했듯이 한 일본인 선교사 부인과의 만남을 계기로 전 세계 여성 리더십을 위한 WOGA 사역이 탄생했다. 처음에는 다른 사람에게 맡기고 싶었지만, 사정이 여의치 않아서 내가 직접 나서야 했으므로 오랜 동역자들인 할렐루야교회와 온누리교회와 CCC에 가장 먼저 도움을 요청했다.

행사 기획을 위한 위원회를 구성했지만, 중구난방으로 저마다 의견을 개진하다 보니 회의 진행이 어려워졌다. 어쩔 수 없이 거르기 작업을 통해 실제로 일할 사람들로만 팀을 구성해야 했다.

서울신학대학교 학장을 지낸 조종남 교수에게 함께 일할 사람들을 구해 달라고 부탁했더니 컴퓨터공학을 전공한 큰며느리를 추천해 주었다. 주식 투자에 성공했다가 크게 실패한 뒤로 불면증에 시달리던 여성이었다. 그녀에게 대회에 초청할 50개국을 뽑아 달라고 부탁했다.

그녀는 공학도답게 GDP(국내 총생산)와 GNP(국민 총생산)를 기준으로 선별하겠다고 했다. 한 나라의 경제 성적표라고 할 수 있는 GDP와 GNP가 낮으면, 비례적으로 복음 전도율도 낮다고 설명해 주었다. 왜냐하면 먹고사는 문제로 바빠 신앙생활을 할 여력이 없기 때문이다.

그밖에 나라마다 정보를 입수하여 초청 목록을 작성했다. 예를 들어, 사전 조사를 한 결과, 시리아와 예멘과 리비아는 초청 대상에서 제외하기로 했다. 왜냐하면 이슬람 극우파가 다수인 지역이라 그리스도인을 향한 핍박이 심하니 선교 대회에 참석했다는 사실이 알려지면 목숨이 위태로워질 수 있기 때문이었다. 그런데 그들이 초청장 없이 자발적으로 참석해서 놀랐다. 대회가 끝난 뒤에 그들이 무사히 귀국했다는 소식을 듣고서야 마음이 놓일 만큼 내내 조마조마했었다.

여성 리더십을 세우는 사역에 몰두하자 불면증에 시달리던 그녀가 제 시간에 잠자리에 들기 시작했고, 나날이 얼굴이 다시 살아났다. 그러더니 자다가 침대가 흔들리는 경험

을 하며 성령을 체험했다. 그녀는 방언의 은사를 받고 선교
사로 성장했다. WOGA 사역의 실질적인 첫 번째 열매라고
할 수 있다.

그때까지 30여 년간 사역을 해 오면서 배운 것은 하나님
의 일은 기도로 시작해서 기도로 일하고 기도로 마무리 지
어야 한다는 것이었다. 우선 WOGA를 위해 하루 한 끼 금
식하며 40일간 기도하고, 기도 모임을 조직했다. 기도는
2007년 WOGA 대회를 마칠 때까지 3년간 계속되었다. 대
회 기간에는 매일 행사를 위한 기도 모임을 가졌고, 한 나라
당 100명씩 중보기도 팀을 구성하여 기도 운동을 펼쳤다.
대회가 끝난 뒤에도 나라별로 기도 위원장을 세워 이듬해
까지 기도 모임을 계속하기도 했다. 역시 횃불회의 생명이
자 원동력은 기도임을 확인할 수 있었다.

당시 남편은 수감 중이었고, 신동아그룹을 잃은 상태였
기에 이전과 같은 지원을 기대할 수 없었다. 오로지 하나님
을 신뢰하며 기도로 간구하는 수밖에는 별 도리가 없었던
것이다. 항공비 예산만 해도 12억 원이었으니 막대한 재정
을 마련하기 위해 다양한 아이디어가 쏟아졌다. 교회나 기

업의 후원에 전적으로 의존하는 방식에서 벗어나 그리스도인 개개인이 자발적으로 선교에 동참할 수 있도록 "아름다운 저금통" 캠페인을 벌이기로 했다.

서랍 속에서 잠자고 있는 동전들을 모을 저금통을 1만 개 제작하여 전국 교회를 두루 다니며 홍보하고 참여를 청했다. 오래전에 YWCA(Young Women's Christian Association: 기독교 여자청년회)의 여성 그리스도인들을 중심으로 절제·금주 운동(temperance movement)이 펼쳐졌던 것처럼 아름다운 저금통 캠페인은 여신도들을 통해 빠르게 퍼져 나갔다. 또한 네 사람이 25만 원씩 모아서 여성 지도자 한 명의 항공료 100만 원을 후원하는 캠페인도 벌였다.

어느 날, 머리가 희끗한 남성이 평생 모은 동전을 가져왔다. 어디다 쓸지 몰랐는데, WOGA라는 의미 있는 사역에 동참할 수 있게 되어 기쁘다며 오히려 고마워했다. 그렇게 모인 동전을 은행에 가져갔더니 동전이 너무 많아서 계수할 수가 없다며 거래를 일시 중지하는 은행까지 생겨났다. 또 기독 미술전을 기획하여 전시회를 통해 기금을 마련하기도 했다.

그 덕분에 WOGA에 참가하러 오는 전 세계 여성 지도자들의 항공비와 체재비를 비롯한 모든 비용을 충당할 수 있었다. 결국, 풍성하신 하나님이 필요한 모든 것을 채워 주신다는 진리를 다시금 경험하게 되었다. 가난할수록, 연약할수록 하나님의 은혜에 더 가까워진다는 것은 불변의 진리다.

대회의 윤곽이 잡힌 후에는 구체적인 기도 제목과 일정을 가지고 기도할 수 있도록 〈세계를 향한 기도: 71개국 국가 정보와 기도 제목〉이라는 책을 발간하여 태평양 연안, 동남아시아, 동북아시아, 중앙아시아, 남아시아, 유럽, 중동, 아프리카 등 '10/40 윈도우' 지역의 나라 정보와 기도 제목을 자세히 실었다. 또한 대회가 개

최되기 전에 〈2007 WOGA 대표들의 놀라운 이야기〉란 책을 출판하여 그리스도인들이 각 나라의 여성 지도자들의 삶을 미리 접할 수 있게 했다.

WOGA의 기획부터 진행까지 모두 여성들의 힘과 지혜로 이루어졌다. 여성들이 리더가 되어 국제적인 행사를 준비하고, 프로그램을 운영했다. 전문가들에게서 실제적인 도움을 받을 수 있도록 아동 심리, 가정 상담, 노후 상담, 미용, 마사지, 메이크업, 보건 위생, 가나안 농군 학교의 철학 등 다양한 커리큘럼을 준비했고, 참가자들이 서로 네트워크를 형성하도록 유도했다. 중요한 것은 제3세계 여성 지도자들이 한국 교회의 열정과 헌신을 배우고 본국으로 돌아가 자기 나라의 영적 기류를 완전히 바꿔 놓는 것이었다.

나는 참가자들에게 이런 비전들을 제시했다.

첫째, 하나님 안에서 여성의 정체성을 회복하고, 21세기 여성 선교 시대의 장을 엽시다.

둘째, 영적 도전과 재충전을 받아 하나님과 그분의 백성들을 섬기는 데 새롭게 헌신하고, 자국을 복음화하는 사명을 가지

십시오.

셋째, 인류를 구원하기 위해 역사하시는 하나님을 경험하고, 성
령 충만을 받아 능력 있는 그리스도인의 삶을 사십시오.

넷째, 생활과 직업을 통해 사람들을 접촉하고, 그들을 전도하여
가정교회를 세우십시오.

다섯째, 전 세계 여성 그리스도인 네트워크의 일원이 되어 여성
에 의한, 여성을 위한 전략적 선교 사역에 동참하십시오.

여섯째, 세계를 아우르는 중보기도 연합을 통해 선교를 위한 영
적 무장을 새롭게 하십시오.

일곱째, 교회를 세우고 선교 사역을 펼치는 데 필요한 전략을 나
누고, 그 전략을 자신의 지역 환경에 어떻게 적용할지에
관한 방법들을 공유하십시오.

그밖에도 전후 선교 한국의 발전사를 알림으로써 거룩
한 비전을 품게 하고, 여성 지도자들을 계속 발굴하여 그리
스도의 제자로 삼아 주님의 지상명령에 동참할 것을 강조
했다. 또한 대회 이후에도 성경 공부 모임을 계속할 것과 교
회, 보건소, 병원, 학교, 직업훈련소 등을 세움으로써 입체

적으로 복음을 전할 것을 권했다. 그리고 미전도 종족의 인재가 횃불트리니티에서 전문 교육을 받을 수 있도록 기회를 제공하겠다고 제안했다.

그뿐 아니라 그들에게 아름다운 한복 패션쇼를 선보이고, 다양한 문화 행사를 열어서 여성 집회의 새로운 패러다임을 제시하기도 했다.

세계 각국에서 온 여성 그리스도인들이 서로 미소 지으며 화합하는 모습은 아름다움 그 자체였다. 이스라엘과 팔레스타인이 만나 화해의 악수를 나누었고, 이슬람교도들에게 무참히 희생당한 가족의 모습을 지우지 못해 몸부림치는 여인을 위해 모두가 한마음으로 눈물 흘리며 기도하기도 했다. 여인들은 서로의 상처와 슬픔을 들여다보며 힘과 위로를 받았고, 거룩한 기쁨을 기꺼이 공유하며 천국 시민으로서 하나 됨을 경험했다. 평범한 여인들이 믿음의 교제를 통해 사라나 룻이나 라합으로 거듭나는 모습을 볼 수 있었다.

2007 WOGA는 우리나라뿐 아니라 전 세계 여성 그리스도인의 인적, 영적 자원을 총동원한 최고의 작품이었다. 하

나님이 여성들에게 주신 자원을 한데 끌어모아 최고의 감동과 헌신을 자아낸 대회였다.

대회 마지막 날, 보석으로 풀려난 남편이 가장 먼저 들른 곳이 바로 WOGA 대회장이다. 감옥에서도 WOGA를 위해 얼마나 간절히 기도했을지 짐작되고도 남는다.

2008년 7월에는 김평육 선교사의 요청으로 2008 WOGA Africa를 개최했다. 김평육 선교사는 2007 WOGA 때에 초청장 없이 무작정 아프리카 여성들을 데려와서 곤란하게 했던 일이 있었다. 그들 중에 혹시라도 밀입국하는 사람이 있을까 봐 한 명당 관리자가 세 명씩 붙어야 했다. 그래서 처음에는 김 선교사의 요청이 달갑지만은 않았다. 하지만 막상 가서 아프리카 여성들을 만나니 무거웠던 마음이 눈 녹듯이 녹아내렸다.

한 달간 아프리카 전역 100개 도시를 순회하며 대회를 열었고, 1,200여 명의 여성 지도자들을 만났다. 부족 언어가 다양하다 보니 기본적으로 서너 명의 통역을 거쳐야 했다. 그런 번거로움에 개의치 않을 만큼 그들의 열정은 대단했다. 특히 이슬람교가 우세한 북아프리카 지역에서 온 여성들은 대부분 감옥에 갇혀 본 경험이 있었다. 비록 말은 통하지 않았지만, 그들의 고통을 마음으로 충분히 이해할 수 있었다. 그렇게 형성된 공감대가 묘하게도 내게 위로가 되었다.

이 대회를 계기로 5년 뒤에 요르단을 중심으로 중동 대회를 개최했다. 옛 소돔과 고모라가 있던 지역인 요르단에서 5개 나라가 매주 모여 꾸준히 기도한 덕분이었다. 이 사실을 모르고 있던 나는 위험한 중동 지역에서 선교 대회를 열어도 될지 하나님께 여쭈었다. 하나님은 이것이 WOGA의 소산물임을 알게 해주셨다. 복음의 씨앗은 언제든 열매를 맺는 법이다.

그리스도인들은 "초대교회로 돌아가자"는 말을 자주 한다. 성령이 불같이 임했던 마가의 다락방 교회로 돌아가자는 뜻이다. 대체 어떤 모습이었기에 그때로 돌아가자는 것일까?

날마다 마음을 같이하여 성전에 모이기를 힘쓰고 집에서 떡을 떼며 기쁨과 순전한 마음으로 음식을 먹고 하나님을 찬미하며 또 온 백성에게 칭송을 받으니 주께서 구원받는 사람을 날마다 더하게 하시니라(행 2:46-47).

　　이러한 교제와 나눔이 가능했던 것은 바로 다락방 교회를 섬기던 여성 그리스도인들 덕분이다. 실은 마가의 다락방 또한 그의 어머니 마리아의 집에 딸려 있었다(행 12:12). 마리아의 집이야말로 초대교회의 탄생지였던 것이다.

　　내 꿈은 미전도 종족 가운데 여성 리더들이 세워지고, 여성들의 섬김으로 21세기 초대교회가 그들 가운데 탄생하는 것을 보는 것이다. 이 얼마나 아름답고 정겨운 모습인가? 생각만 해도 미소가 절로 나온다.

여자들 가운데에서 어여쁜 자야

네 사랑하는 자가 어디로 갔는가

네 사랑하는 자가 어디로 돌아갔는가

우리가 너와 함께 찾으리라

아 6:1

대나무竹는

하늘을 향해 곧게 자라며

언제나 푸르다

4

/ 다시 부르시는 하나님 /

너희의 하나님이 이르시되

너희는 위로하라

내 백성을 위로하라

사 40:1

2008년, 어느 여름밤이었다. 여느 때처럼 잠자리에 들기 전에 기도하기 위해 무릎을 꿇었다. 그때 하나님의 세미한 음성이 들려왔다.

"네 민족을 사랑하고, 네 동족을 아껴라."

말씀을 듣는 순간, 온몸에 힘이 빠져 풀썩 주저앉고 말았다. 늘 중요한 일을 앞두고 음성을 들려주셨기에 이번에는 어떤 일이 나를 기다리고 있을까 하는 생각이 들었다.

당시 나는 2007 WOGA 대회를 성공적으로 마쳤지만, 남편이 아직 수감 중이어서 몸과 마음이 고단한 시절을 보내고 있었다. 한낱 여인에 불과한 내게 민족을 사랑하고, 동족을 아끼라고 말씀하시다니···. 그런 건 나라님이나 위정자들이 돌아볼 문제가 아닌가 하는 생각이 들었다. 그래서 나도 모르게 "하나님, 하루하루 사는 것도 벅찬 걸요" 하며 푸념하듯 내뱉고 말았다. 그랬더니 하나님이 더는 아무 말씀도 하지 않으셨다. 나는 밀려드는 고단함에 눈을 감고 잠을 청했다.

이튿날 밤에도 하나님이 똑같은 말씀을 하셨다. 하지만 나는 아무 말도 하지 않았다. 이번에도 하나님은 말씀을 잇지 않으셨다.

사흘째 되던 날 밤에 하나님이 세 번째로 똑같은 말씀을 하셨다. 이번에는 자세를 고쳐 앉으며 더 말씀해 주시기를 기다렸다. 하나님이 타이르듯 말씀하셨다.

"WOGA도 좋지만, 네 민족을 사랑하고, 네 동족을 아껴라."

"WOGA도 좋지만"이라는 말씀이 무슨 뜻일까 생각하고 있는데, 하나님이 내게 물으셨다.

"너희는 왜 그렇게 선교사를 많이 보내느냐?"

뜻밖의 질문에 얼떨떨해진 나는 "주님, 그게 나쁜 건가요?" 하고 되물었다.

그러자 하나님이 위엄 있게 말씀하셨다.

"그렇게나 많이 보낼 필요가 있느냐? 그곳에 이미 내가 사람들을 보내 놓지 않았느냐? 현지에서 자란 네 동포들을 돌아보아라. 그들이 내 일을 할 것이다."

그리고 구체적으로 세 가지 명령을 내려 주셨다. 준엄한 음성이었다.

첫째, 해외 동포들과 국내 연고지가 없는 네 동포들을 초청하여 그들을 자매결연시켜 주고 위로해 주어라.

둘째, 선교지에서 태어나 그곳 언어에 능통하고 문화와 풍습과 습관에도 이미 익숙하여 현지 선교에 아무런 제약이 없는 한인 디아스포라 2세, 3세, 4세를 불러서 훈련시켜 그들로 하여금 현지 선교사가 되게 하여라.

셋째, 그들에게 한민족의 자긍심을 심어 주고 민족의 정체성을

일깨워 주어라. 이것이 반복되면 네 민족이 튼튼해지고 그
들이 자기 민족을 사랑하게 될 것이다.

이렇게까지 조목조목 말씀해 주신 적은 한 번도 없었다.
한민족 디아스포라라니…. 그때까지 나는 한민족 또는 한
인 디아스포라에 관해 아는 바가 없었고, 그들에 관해 깊이
생각해 본 적도 없었다. 하나님의 음성을 들을 때, 주님의
마음이 폭포수처럼 내 안에 쏟아져 내리는 것을 느꼈다. 그
것은 안타까움의 눈물이었다. 가슴 가득 물기가 차오르고,
손끝이 떨려 왔다.

적막할 정도로 주위가 조용해졌다. 나는 가슴에 손을 얹
은 채로 하나님이 주신 말씀을 되뇌었다. 말씀을 곰곰이 생
각하니 정말 그러했다. 해외 동포들이 업무차 조국을 찾아
와도 아무도 그들을 맞아 주거나 돌아보지 않으니 그들은
그냥 일만 하다가 떠날 수밖에 없다는 사실을 깨달았다. 결
국, 그들은 자신이 태어나 자란 곳으로 돌아간 뒤에는 자기
삶에서 조국을 지워 버리고 말 것이다. 그들 삶에 별 의미가
없기 때문이다.

가슴이 먹먹해져 잠을 이루지 못하는데, 성경 구절 하나가 잔잔한 빛처럼 내게 내려앉았다.

너희의 하나님이 이르시되 너희는 위로하라 내 백성을 위로하라 (사 40:1).

그 순간, 말씀이 나를 보듬으며 위로했다. 바로 그때 "네 민족을 사랑하고, 네 동족을 아껴라"라고 하신 말씀이 비로소 이해되었다. 하나님은 내게 "내 백성", 즉 "하나님의 백성"을 위로하라고 말씀하신 것이다. '내 민족, 내 동족'이란 곧 하나님의 백성을 뜻한다는 사실이 새삼스럽게 다가왔다.

나는 바닥에 납작 엎드려 무릎 사이에 얼굴을 넣듯이 하나님께 온전히 순복할 수밖에 없었다. 아버지가 아니고서야 누가 집 떠나 타향살이하는 자녀를 이처럼 가엾게 여기며 안타까워한단 말인가? 하나님의 명령이 아버지의 당부로 다가온 순간이었다. 어떻게 이분이 우리 아버지이심을 의심하거나 부인할 수 있을까? 음성을 듣고도 깨닫지 못했던 아버지의 마음을 비로소 헤아리게 되니 그 옛날 친히 돌

판에 쓰셨던 계명처럼 그날의 말씀이 내 가슴에 깊이 새겨
졌다. 그때 이후로 말씀이 내 안에서 토씨 하나 빠지지 않고
그대로 살아 움직이고 있다.

하나님이 분명한 음성을 들려주시고, 사랑하시는 아버지의 마음을 내게 부어 주시므로 그대로 앉아 있을 수가 없었다. 늘 그래 왔듯이, 나는 다시 힘을 내어 경주마처럼 좌우를 살피거나 뒤를 돌아보지 않고 곧장 내달리기 시작했다. 하나님이 내게 삼천리강산에서 세계 곳곳으로 흩어져 나간 산봉우리들과 마른 가지들을 보여 주셨으니, 산봉우리마다 또 마른 가지마다 횃불에 불을 붙이러 달려가는 것은 내 몫이었기 때문이다.

나는 단순하게 일하는 편이다. 하나님의 일은 하나님이 하심을 잘 알기 때문이다. 하나님을 믿고 한눈팔지 않고 비전을 향해 곧장 나아가면 되니 복잡할 게 없다. 그런데 이번은 달랐다. 마음이 내달림과 동시에 직감적으로 지금까지 해 온 어떤 사역보다도 더 강한 인내와 더 큰 지혜가 요구되는 일일 거라는 것을 느꼈다. 그러므로 몸을 움직이기 전에 오히려 침묵하며 기도하고, 하나님의 비전을 내 안에서 구체적으로 그리는 시간을 가져야 했다. 내가 먼저 하나님의 꿈으로 가득 차야만 동역자들에게 비전을 제시할 수 있기 때문이었다.

횃불 사역을 하면서 얻은 비법이 있다면, 하나님이 주신 명령을 제대로 수행하기 위해서는 무엇보다도 먼저 기도로 꿈을 키우고, 하나님이 주신 꿈을 어떻게 실현할지 구체적으로 가닥을 잡고 나서 사람들에게 비전을 선포하고, 하나님이 주신 마음과 뜻을 나누어야 한다는 것이다. 그러고 나서 실행에 옮겨야 만사가 형통하다는 것을 경험으로 터득

해 왔다. 말할 것도 없이, 그 과정 하나하나에 정성을 기울여야 하는 것은 당연하다.

먼저, '디아스포라'(Diaspora)가 무엇인가를 찾아봤다. 디아스포라는 '흩뿌려진'(scattered)이란 뜻의 헬라어 디아(dia)와 '씨앗'(seed)을 뜻하는 스포라(spora)가 합쳐진 말로 '흩뿌려진 씨앗'을 뜻한다. 본래 디아스포라는 유대 땅 가나안(지금의 팔레스타인)을 떠나 세계 각지에 흩어져 살면서 유대교의 규범과 생활 관습을 지키는 유대인을 가리키는 말이었지만, 지금은 본토를 떠나 타국에서 자신들의 규범과 관습을 지키며 살아가는 사람들을 가리키는 말로 널리 쓰이고 있다. 하나님은 세계 곳곳에 흩어져 사는 내 동족, 한민족을 가리켜 '디아스포라'라고 부르신 것이다.

나는 한민족 디아스포라를 향한 하나님의 마음을 좇아 기도하며 그들에 관해 공부하기 시작했다. 우선, 국내에 나와 있는 관련 자료들을 긁어모아 하나씩 읽어 나갔다. 책이나 논문은 물론, 언론 기사까지 모조리 찾아 읽고, 이 분야 전문가들을 만나 이야기를 듣기도 했다.

그러는 동안에 내 사정을 알 리 없는 예수전도단의 로

렌 커닝햄과 대학생선교회(CCC)를 창설한 빌 브라이트(Bill Bright)가 세계 선교를 위해 함께 일하자고 거듭 요청해 왔다. 거절하다 못해 할 수 없이 하나님이 내게 명령하신 한인 디아스포라 사역을 그들에게 먼저 털어놓았다. 그들은 한 민족을 향한 하나님의 마음을 진지하게 받아들였고, 내 뜻을 존중하며 지지해 주었다. 덕분에 새로운 사역의 가닥이 잡힐 때까지 기도 지원을 받을 수 있었다.

한인 디아스포라를 이해하고, 그들을 어떻게 섬길 것인가에 관한 생각이 내 안에 자리 잡기까지 꼬박 6개월의 시간이 걸렸다.

나비의 날갯짓이 태평양을 건너다

한민족 디아스포라 자료를 읽고 공부하면서 더욱 확신하게 된 한 가지는 "하나님은 사랑이심이라"(요일 4:8)는 말씀이 2천년 전이나 지금이나 동일한 진리라는 사실이다.

선교 역사를 살펴보면, 선교지에 파송된 선교사들은 대부분 본인은 물론 가족들까지 신변에 위험을 당하거나 환경의 변화로 인해 질병을 얻거나 현지 문화에 적응하지 못해서 심리적인 불안이나 불화를 겪곤 했다.

19세기 말에 중국 내지 선교회(China Inland Mission)를 창설한 영국인 선교사 허드슨 테일러(Hudson Taylor)가 가족과 함께 중국에 들어간 지 3년여 만에 어린 세 자녀를 폐렴과 결핵성 장염으로 잃고, 아내마저 잃은 것은 유명한 이야기다. 100여 년이 훌쩍 지난 지금도 이런 일은 계속해서 일어나고 있다. 지금은 횃불선교센터에서 사역하고 있는 한 분은 중앙아시아에서 10년 사역하는 동안에 아내를 잃고, 세 자녀가 모두 병에 걸리는 고통을 겪었다. 횃불 사역을 하면서 파송 선교사들이 겪는 고통을 가까이에서 지켜봐 왔던 터라 그것이 영적으로 얼마나 큰 손실을 가져오는지를 잘 알고 있다.

그러니 현지에서 태어나 자란 사람으로써 그곳 언어에 능통하고, 그 환경과 문화에 익숙한 디아스포라들을 훈련시켜서 선교사로 역(逆)파송하라고 하신 말씀이 얼마나 놀라운 지혜요 속 깊은 사랑인가를 깨닫고 감탄할 수밖에 없었다. 하나님은 "그곳에 이미 내가 사람들을 보내 놓지 않았느냐?"

라고 분명히 말씀하셨다. 우리가 미처 인지하지 못했지만, 하나님은 이미 오래전부터 유대인들이 가나안 땅으로 돌아갔듯이 타지로 뿔뿔이 흩어졌던 내 동족이 언젠가는 이 땅으로 돌아올 것을 계획하고 계셨다.

우리나라의 선교 역사를 살펴보면, 하나님이 역사를 얼마나 정교하게 경영해 오셨는지를 확인할 수 있다. 1866년, 하나님은 중국 선교를 위해 미국 상선 제너럴셔먼(General Sherman)호를 탔다가 대동강 변에서 순교한 26세 영국 청년 토마스 선교사를 통해 이 땅에 복음의 씨앗을 뿌려 주셨다. 그로부터 20년 뒤에 복음이 본격적으로 전파되기 시작했다. 1885년 4월 5일, 미국의 아펜젤러 선교사(감리교)와 언더우드 선교사(북장로교)가 제물포항에 도착한 것이다.

그런데 우리나라에 복음의 씨앗이 처음 뿌려지던 그 무렵부터 하나님은 이미 한민족을 세계에 흩으실 준비를 하고 계셨다. 세계 역사를 통해서 말이다. 브라질에서 나비가 날갯짓을 하면, 텍사스에서 토네이도가 일어난다는 말처럼 한인 디아스포라의 나비 효과는 전혀 엉뚱한 곳에서부터 시작되었다.

1861년, 미국 남북전쟁이 4년 만에 북부의 승리로 끝이 났다. 이보다 앞서 1848년에 캘리포니아에서 금광이 발견 되면서 골드러시(gold rush)가 시작되었고, 중국의 빈곤층이 금을 좇아 대거 미국으로 이주했다. 남북전쟁이 끝난 뒤 동부와 서부를 잇는 대륙 횡단 철도 공사가 활기를 띠기 시작 하고, 싼 임금의 중국인들이 막일꾼으로 고용되었다. 그들은 아무리 험한 일도 마다하지 않았기에 막노동꾼이라는 뜻의 '쿨리'(coolie)로 불렸다. 결국, 철도 공사 인력의 90%가 중국인 쿨리들로 채워졌다.

1869년, 마침내 미국 최초의 대륙 횡단 철도가 개통되었다. 그리고 그다음 날 중국인 쿨리들이 전원 해고되었다. 졸지에 실업자가 된 그들은 미국 전역으로 흩어져 군락을 이루었는데, 1870년대 샌프란시스코 인구의 40%가 중국인이었다고 한다. 결국, 1882년 미국 정부는 중국인의 추가 유입을 막기 위해 '중국인 입국 금지법'(Chinese Exclusion Act)을 제정했다.

같은 해에 우리나라(당시 조선)는 미국과 조미수호통상조약을 체결함으로써 국교를 맺었고, 서구권에 문호를 개방

했다.

그로부터 16년 뒤인 1898년, 태평양 한가운데 있는 섬나라 하와이가 미국과 합병 조약을 맺었다. 그에 따라 하와이에도 미국 본토의 중국인 입국 금지법이 발효되었다. 당시 하와이 사탕수수 농장 인력의 70%는 일본인 이주 노동자들이 차지하고 있었다. 그들이 점점 세를 불리자 농장주들은 그들을 견제하기 위해 중국인들을 이주시키려고 했다. 하지만 금지법에 부딪혀 중국인 쿨리 대신 싼 임금에 고용할 수 있는 다른 아시아인을 찾아야만 했다.

그 무렵, 조선은 함경도에 홍수와 가뭄이 연이어 드는 통에 흉년이 들었다. "가물 그루터기는 있어도 장마 그루터기는 없다"는 말이 무색할 정도로 해를 넘겨도 가뭄의 끝이 보이지 않자 사람들은 먹을 것과 일자리를 찾아 서울, 인천, 원산 등의 대도시로 몰려들었다. 1901년, 가뭄이 정점을 찍었다. 얼마나 극심했던지 고종 황제가 대가뭄의 피해를 파악하여 대책을 마련할 것을 명령할 정도였다.

고금에 어찌 올해와 같은 한재(旱災)가 있었겠는가? 각도(各道)에 가뭄과 비의 정도가 같지 않은데 비가 내려 어느 정도 수확을 기대할 만한 곳이 간혹 있지만, 애당초 이앙(移秧)하지 못한 데가 많아서 들판이 황무지로 되었고, 경색(景色)이 스산하여 어디라 할 것 없이 흉년이 들 것이 이미 명백하여졌다. 아직 가을도 되기 전인데 백성들이 굶주림을 당할 걱정을 하고 떠돌며 먹을 것을 바라는 참상은 듣기에 더없이 참혹하다.

_〈고종실록〉 41권(1901년 9월 29일), 〈조선왕조실록〉

바로 그러한 때에 하와이 사탕수수 농장 협회가 조선 주재 미국 공사 호러스 알렌(Horace Allen)에게 일꾼들을 보내줄 것을 요청해 왔다. 알렌은 애초에 중국에 파송되었다가 조선으로 오게 된 의료 선교사로 왕실 의사 겸 고종 황제의 정치 고문 역할을 하고 있었다. 세브란스병원의 전신이자 우리나라 최초의 서양식 국립 병원인 제중원을 설립한 인물이기도 하다.

조선인의 생명력과 근면성을 누구보다도 잘 알고 있었던 알렌 공사는 백성들이 굶어 죽게 되었으니 바다 건너 풍족한 땅에 보내서라도 먹고살게 해주는 편이 낫지 않겠느냐는 말로 고종 황제를 설득했다. 미국 정부가 중국인은 받아들이지 않지만 조선인은 환영한다는 말에 고종 황제의 마음이 움직였다. 1903년, 고종 황제는 하와이 이민자를 모집하는 공고문을 전국 대도시에 붙이게 했다.

하와이 군도로 누구든지 혼자나 가족을 데려가 살고자 간절히 원하는 자에게는 편의를 제공하여 주선하노라. 그곳은 기후가 온화하여 심한 더위와 추위가 없으므로 기력과 체질에 합당하다. 학교 설립법이 관대하여 모든 섬에 학교가 있어 영문을 가르치며 학비를 받지 아니한다. … 월급은 미국 금전으로 매달 15원(일본 돈으로 30원, 대한 돈으로 57원가량)씩이요 일하는 시간은 매일 10시간이며 일요일에는 휴식한다.

하지만 아무리 먹고살기가 힘들어도 정든 고향을 떠나 이역만리 낯선 땅으로 이주하기란 쉽지 않은 일이었다. 특히 유교 문화에 젖어 있던 백성들은 "내가 떠나면 우리 조상의 묘는 누가 지키나?" 하며 선뜻 나서지 못했다. 알렌 선교사의 기대와 달리 지원자가 한 명도 없었다.

사람들이 온갖 염려와 두려움에 발목이 잡혀 선뜻 나서지 못할 때, 인천내리교회의 존스(G. H. Jones) 목사가 교인들을 설득하기 시작했다. 한국 이름 '조원시'로도 알려진 존스 목사는 북미 감리교에서 파송된 선교사로 '인천, 강화, 남양, 황해도 선교의 아버지'로 불린다. 그의 영향으로 인천, 강화 지역에 감리교 교회들이 많이 세워졌는데, 아펜젤러 선교사가 선교의 터를 닦았다면, 존스 목사는 그 터 위에 전도와 교육의 집을 지었다고 할 수 있다. 그는 미국 감리교 여선교회에서 파송되어 평양과 이화학당에서 음악을 가르치다가 인천내리교회로 옮겨 온 마거릿 벤젤(Margaret Bengel)과 결혼하여 우리나라 최초의 초등학교 영화학당을 설립한 바 있다(1892년).

30대 중반의 젊은 존스 목사의 설득에 청년들의 마음이 움직였다. 오랜 기근에서 벗어나기 위해 궁여지책으로 선택하기도 했겠지만, 가장 큰 동인은 그들 마음속에 심긴 복음의 씨앗이었을 것이다. "땅 끝까지 이르러 내 증인이 되리라"(행 1:8)는 말씀에 순종하는 마음이 없었다면, 당시에는 감히 엄두도 내지 못할 일이었기 때문이다. 그때나 지금이나 믿음의 청년들이야말로 모든 염려와 두려움을 떨치고 떠날 수 있는 자들이다.

마침내 인천내리교회 청년부의 3분의 2가 이민을 결심했고, 부두 노동자들이 합류하여 1차 지원자가 어린이를 포함하여 121명이 되었다. 존스 목사는 이민자들을 위해 영어에 능통한 안정수 권사를 통역사로 보냈다.

1902년 12월 22일, 첫 번째 이민단이 인천 제물포항을 떠나 일본 나가사키 검역소로 향했다. 이날, 존스 목사가 제물포항에서 먼 길 떠나는 성도들을 위해 기도회를 열었고, 안 권사의 손에는 존스 목사가 이민자들을 위해 하와이 감리사에게 보내는 소개장이 들려 있었다.

그러나 나가사키 검역소에서 신체검사를 받는 과정에서 19명이 탈락하여 최종적으로 102명이 예방접종 후에 갤릭(S. S. Gaelic)호에 올라타서 태평양을 횡단했다. 항해하는 동안 그들은 안정수 권사의 인도로 매일 예배를 드렸다. 이듬해 1월 12일에 호놀룰루에 도착하자 미리 연락을 받은 피어슨 하와이 감리사가 마중을 나와 그들을 환영해 주었다. 이들이 바로 조선의 첫 공식 이민자들이다.

하와이에 102명이 도착했지만, 입국 심사 도중 신체검사에서 16명이 탈락하여 결국 86명만이 상륙할 수 있었다. 성인 남자가 48명에 성인 여자가 16명이었으며 나머지 22명은 어린이들이었다. 그들은 오아후(Oahu)섬의 모쿠레아 농장(Mokuleia Camp)으로 보내졌다.

곧이어 2차, 3차 이민단이 줄을 이었다. 2차 이민단은 인천내리교회 전도사 출신의 홍승하 선교사가 이끌었다. 그는 우리나라 최초로 해외에 파송된 선교사로 기록되었다. 선교사가 파송됨으로써 하와이에 한인 최초의 이민 교회 '그리스도연합감리교회'(구〈舊〉한인감리교선교회)가 세워졌다.

이민자 대다수는 농촌 출신이 아닌 도시 출신이었지만, 능력과 상관없이 사탕수수 농장에 배치되었고, 현장에서 일꾼들을 감독하는 백인 루나(십장을 가리키는 하와이 말)는 그들을 소나 말을 대하듯 채찍으로 다스렸다. 이민자들은 이름 대신 번호로 불렸으며 속칭 '방고'(번호의 일본식 발음)가 적힌 금속 목걸이를 목에 걸어야 했다.

새벽 다섯 시부터 오후 여섯 시까지 고되게 일하고 받는 월급은 17달러에 불과했는데, 그것마저도 식비로 절반을 공제하고, 이런저런 이유로 벌금이 부과되어 고작 몇 달러만을 손에 쥘 수 있었다고 한다. 그곳에서도 먹고살기는 여전히 힘든 일이었던 것이다. 그러나 그들에게 굶주림이나 가난보다 더한 고통은 고향에 두고 온 가족을 향한 그리움이었다. 그들은 뚝심과 믿음으로 버티며 자리를 잡았고, 어려움 가운데서도 예배드리기를 게을리하지 않았다.

"사진 신부"(Picture-Bride)라는 말이 있다. 하와이로 이주한 한인 총각들과 결혼하기 위해 태평양을 건너간 조선의 처녀들을 가리키는 말이다. 당시 서로 사진만 교환한 채로 혼인을 약속하는 일이 많았다.

하와이 이민사를 공부하면서 읽었던 한 사진 신부의 이야기가 오래도록 기억에 남는다. 남의 집 종살이를 하던 가난한 집안의 소녀가 남자의 사진만 보고 홀로 이역만리로 떠났다. 막상 신랑감을 만나고 보니 사진 속의 고운 얼굴이 아니었다. 고된 노역에 상할 대로 상한 것이다. 두 사람은 친정어머니가 손수 지어 보낸 한복을 예복으로 입고, 시어머니가 정성스럽게 싸서 보낸 수저 두 벌을 예물 삼아 결혼했다. 그러나 남편이 먼저 세상을 떠났고, 홀로 남은 아내가 세 자녀를 키웠다. 얼마나 고생스러웠을까. 한인 교회의 도움이 없었다면 살기가 더욱 힘들었을 것이다. 노인이 된 사진 신부가 창밖을 내다보며 "저기 남편의 묘가 보이네요. 나는 언제쯤 저이 곁으로 갈 수 있을까요" 하고 혼잣말을 했다는 장면에서 울컥했다. 타향에서 기댈 곳 없이 외롭게 살아야 했던 그들에게 우리가 친정집, 외갓집 역할을 해야 한다는 사명감이 느껴졌다.

1905년, 조선의 총독이 된 이토 히로부미(伊藤博文)가 하와이의 자국 이민자들을 위해 조선인의 이민을 금지시킬 때까지 64회에 걸쳐 총 7,415명의 이민자가 제물포항을 떠나 태평양을 건넜다. 훗날, 그중에 6분의 1만이 고향으로 돌아왔다. 1910년, 당시 미국에 입국한 동양계 이민자의 귀국 비율을 살펴보면, 그 차이가 현저하다. 중국은 절반이 돌아왔고, 일본은 절반이 넘는 54%가 귀환했지만, 조선인은 17%에 해당하는 1,200여 명만이 고향으로 돌아왔다. 왜냐하면, 조선의 정국이 혼란에 빠진데다가 일본의 침탈 소식이 심상찮았기 때문이다. 결국, 조선은 국권을 상실하고 일본의 식민지가 되고 말았다.

이민자들은 배를 곯으면서도 십일조를 꼬박꼬박 냈을 뿐만 아니라 허리띠를 더욱 졸라매며 독립 자금을 마련했다. 1909년부터 1920년까지 하와이 이민자들이 모은 독립운동 자금이 300만 달러가 넘었다고 한다. 그 피땀 어린 자금은 대부분 상해 대한민국 임시정부에 전달되었다.

미주 한인들이 항일을 위해 결성한 대한인국민회(Korean

National Association)의 하와이 지방 총회가 있던 터에 세워진 한국독립문화원의 앞뜰 추모비에는 "망국의 한을 품고 하와이에서 조국의 독립을 위하여 수입의 십일조 등을 바치며 온 충성을 다하다가 눈을 감으신 무명의 애국지사들의 영혼을 위로하기 위해 여기 추모비를 세운다"는 글이 새겨져 있었다고 한다. 그러나 2016년에 미국계 회사에 매각되고 말았으니, 지금은 흔적이나 찾을 수 있을지 모르겠다.

한인 디아스포라의 시작을 공부하면서 깨달은 것이 있다. 이 모든 일이 하나님의 섭리 가운데 이루어졌다는 사실이다. 비록 '씨앗이 흩뿌려지는' 디아스포라의 과정은 서러움과 고통으로 점철되었지만, 그동안 너무 커서 볼 수 없었던 하나님의 큰 그림이 보이기 시작하자 감탄이 절로 나왔다.

1885년 4월, 아펜젤러 선교사와 언더우드 선교사가 인천 제물포항에 도착하면서부터 개신교의 복음 전파가 본격화되었던 것을 생각하면, 인천내리교회에서 첫 이민자들이 나왔다는 점이 매우 흥미롭다. 아펜젤러 선교사와 언더우드 선교사가 제물포항에서 첫 예배를 드리고, 서울로 떠나기 전에 인천에서 첫 집회를 연 것을 기념하여 세워진 교회가 내리교회이기 때문이다. 즉, 미국 선교사들이 복음을 들고 들어온 제물포항을 통해서 우리 그리스도인들이 복음을 들고 나간 것이다. 몸에 피가 돌아야 생명이 유지되는 법이다. 이제 디아스포라를 통해 복음의 불모지에 하나님의 생명을 불어넣을 것이다.

하와이 이민을 시작으로 한민족은 세계 곳곳으로 흩어져 나갔다. 그 결과, 중국에는 조선족, 러시아에는 카레이스키(고려인을 가리키는 러시아 말), 멕시코에는 애니깽('에네켄'의 우리식 발음) 등이 자리 잡게 되었다. 역사를 주관하시는 만유의 주 하나님이 이미 오래전부터 세계 곳곳에 선교의 씨앗을 뿌려 오셨다는 사실에 전율이 느껴진다.

하나님이 한인 디아스포라들에게 "누구든지 목마르거든 내게로 와서 마시라"(요 7:37)는 말씀을 전하라고 명하신다. 그들은 목을 축인 후에 자기 살던 곳으로 돌아가 "와서 보라 이는 그리스도가 아니냐"(요 4:29) 하고 외칠 것이다. 나는 그들이 돌아와 쉴 곳을 마련하고, 그들과의 연결 고리를 다시 잇는 역할을 하면 된다. 생수는 하나님이 공급해 주실 것이다!

멕시코 칸쿤에서

디아스포라의 희망을 보다 —

　　하나님이 주신 비전을 주변에 선
포하고 나서부터는 그야말로 눈가리개를 한 경주마처럼 곧
장 앞으로 내달리기 시작했다. 우선 미국 전역을 돌며 교민
들을 위한 크고 작은 집회를 열었다. 한인 디아스포라를 찾
아 일본도 가고, 남미도 갔다. 이민 1세대의 후손이 어느새
6대까지 이어져 있음을 알게 되었다.

세계를 돌아다니며 그들을 직접 만나 보니 타지에서 그들이 얼마나 외롭고 서글펐을지 되레 짐작하기가 더 어려워졌다. 상상을 초월할 정도로 그들은 우리를 닮아 있으면서도 우리와 너무나도 달랐기 때문이다. 생김새는 같은데 말이 다르고 생각이 달랐다. 그런가 하면 생김새가 달라지고 우리말을 잊었으면서도 한민족의 정서를 고스란히 간직한 사람들도 있었다. 그들은 옛 노랫가락을 흥얼거리거나 현지화된 우리 음식으로 유물처럼 내려오는 고향의 기억을 붙잡고 있었다. 살아남기 위해 얼마나 버티며 힘썼을까! 몇 대에 걸친 생존 노력이 얼마나 고되었을까!

그들에게 고향을 돌려주어야겠다는 마음이 절로 들었다. 말씀에 순종하여 꼭 이루리라는 다짐과 함께 사명감이 생겨났다. 그들을 만나서 울고 웃는 동안에 하나님이 내게 이런 마음을 부어 주셨다.

나는 목마른 자에게 물을 주며 마른 땅에 시내가 흐르게 하며 나의 영을 네 자손에게, 나의 복을 네 후손에게 부어 주리니 그들이 풀 가운데에서 솟아나기를 시냇가의 버들같이 할 것이라(사 44:3-4).

그들이 타지를 향해 떠난 후에 우리는 그들을 잊었지만, 하나님은 한순간도 그들을 놓지 않으셨다. 그들과 우리 사이에 놓인 마른 땅에 하나님이 생수를 부어 시내가 흐르게 하실 것이다. 우리뿐 아니라 그들도 그들이 사는 곳에서 시냇가의 버들처럼 생기를 찾고 성령의 불을 횃불처럼 들게 될 것이다. 이것은 하나님이 그들에게 주시는 위로이자 나에게 주시는 소망이다.

2년여의 준비 끝에 드디어 2011년 서울에서 '횃불 한민족 디아스포라 세계 선교 대회'를 개최하기로 했다. 그러나 비전의 소망이 깊어질수록 내가 과연 흩뿌려진 한인 디아스포라를 한데 모을 수 있을까 하는 두려움도 커져 갔다. 남모를 두려움에 어깨가 좁아지던 차에 내 마음을 아시는 하나님이 생각지도 않게 남미에서 힘을 얻게 하셨다.

세계 선교 대회를 열기에 앞서 2010년에 멕시코 칸쿤에서 중남미 한민족 디아스포라 선교 대회를 열었다. 서울에서 열릴 한민족 디아스포라 세계 선교 대회를 알리기 위해 기획된 작은 행사였다. 나는 그곳에서 에너지가 넘치는 한 젊은이를 만났다. 우리말에 익숙하지 않은 현지 교민들을 위해 대회의 사회를 교민 대학생에게 맡겼다. 그는 한국어는 물론 영어, 스페인어, 포르투갈어까지 자유자재로 구사하며 대회를 매끄럽게 진행해 갔다. 한 사람이 몇 개의 언어장벽을 아무렇지도 않게 넘나드는 모습이 놀라움을 넘어 감동을 주었다.

얼굴을 보면 한국인이 분명한데 말하는 것은 멕시코인 그대로였다. 얼마나 자연스럽고 천연덕스럽던지 집회를 마치고 나서 그 학생을 불러 정말로 한국인이 맞는지 물어볼 정도였다. 그는 환하게 웃으며 자신은 100% 한국인이 맞다고 우리말로 또박또박 대답했다. 1980년대에 남미로 이민을 온 가정에서 태어나 그곳에서 자란 그는 멕시코 대학에 재학 중이었다.

현지에서 나고 자란 디아스포라가 그곳 언어에 능통할 뿐만 아니라 관습과 문화에도 얼마나 자연스럽게 융화되는지를 눈으로 확인하는 순간이었다. 그들은 반반(half-and-half)이 아니라 온전한 한국인이면서 또 온전한 현지인이기도 하다는 것을 깨달았다. 그들이 하나님의 말씀으로 훈련을 받는다면, 현지에 최적화된 선교사로 충분히 세워질 수 있다는 확신이 비로소 생겼다.

확신이 듦과 동시에 한민족 디아스포라 대회에 대한 두려움은 사라졌다. 오히려 이 모든 일을 이루어 가실 하나님의 역사를 설레는 마음으로 기대하게 되었다. 하나님이 시작하셨으니 모든 과정을 하나님이 친히 이루어 가시리라는 믿음에 안도했다. 나는 하나님이 행하시는 일들을 목격하고 감탄하며 찬양하기만 하면 되었다.

한민족은 세계에 널리 흩어진 중국인이나 유대인보다 더 넓게 퍼져 살고 있다. 중국인이나 유대인이 사는 곳에는 으레 한인도 살고 있지만, 한인들은 그들이 살지 않는 곳에까지 가서 뿌리를 내리고 산다. 하나님이 한민족을 전 세계에 흩으셨고, 이제 그들로 하여금 모이게 하시려는 이유는 신약 시대에 경건한 유대인들이 예루살렘에 모이게 하셨던 이유와 같다.

그때에 경건한 유대인들이 천하 각국으로부터 와서 예루살렘에 머물러 있더니 (행 2:5).

그들은 오순절에 성령이 강림하시어 예수님의 제자들이 자기가 나고 자란 곳의 언어로 하나님을 찬양하는 것을 현장에서 목격했다. 베드로는 하나님이 선지자 요엘을 통해 예언하신 말씀이 이루어진 것을 선포했다.

> 내가 내 영을 만민에게 부어 주리니 너희 자녀들이 장래 일을 말할 것이며 너희 늙은이는 꿈을 꾸며 너희 젊은이는 이상을 볼 것이며(욜 2:28).

실제로 천하 각국에서 와서 예루살렘에 모인 경건한 유대인들은 자녀들이 예언하고, 젊은이들이 환상을 보며, 늙은이들이 꿈을 꾸는 장면을 목격했다. 바대, 메대, 엘람, 메소보다미아 등 16개 지역에서 온 유대인들이 성령 충만함을 입고 자기가 나고 자란 곳으로 돌아가 복음을 전했다. 그들이 돌아간 그곳에 교회가 세워졌고, 그 주변으로 복음이 전파되었다.

그때처럼 이 시대 한인 디아스포라에게도 똑같은 일이 일어날 것이다. 한민족을 향한 하나님의 크신 계획이 있기 때문이다. 디아스포라의 시작은 고난과 상처로 얼룩져 있지만, 슬픔이 변하여 춤이 되게 하시며 베옷을 벗기고 기쁨으로 띠 띠우실 것이다(시 30:11 참조).

2011년 7월, 전 세계 176개국에서 초대된 한인 디아스포라들이 서울에 모여들었다. 11일 월요일부터 15일 금요일까지 닷새 동안 양재 횃불센터와 잠실 실내 체육관에서 예배와 집회를 열기로 했다. 하나님은 그들에게 따뜻한 밥 한 끼를 대접하고, 집에서 잠을 재우며 정성껏 대접하라고 당부하셨다.

대회에 앞서 일주일간 단기 선교 프로그램(Outreach to Korea)을 운영하여 디아스포라들이 현대중공업 조선소와 같은 우리나라를 대표하는 기업들을 탐방하고, 판문점을 견학하게 함으로써 전쟁 후 폐허 속에서 산업의 기적을 일구어 낸 대한민국의 저력뿐 아니라 부인할 수 없는 분단 현실을 몸소 체험하게 했다. 2014년 2회 대회부터는 전국 각지의 횃불회 소속 교회들을 방문하여 영어 성경 학교와 전도 축제를 열고, 우리 문화유산을 돌아보는 시간을 갖게 했다.

하나님은 이사야서의 유명한 구절을 첫 대회의 말씀으로 주셨다.

> 일어나라 빛을 발하라 이는 네 빛이 이르렀고 여호와의 영광이 네 위에 임하였음이니라(사 60:1).

대회에 참석한 한인 디아스포라들을 보니 이사야서 말씀이 이미 이루어진 듯했다. 오랜만에 고향 집으로 돌아온 그들의 눈은 기대와 설렘으로 반짝였다. 굳이 말하거나 확인하지 않아도 우리가 한민족이라는 정체성을 공유하고 있다는 사실을 알 수 있었고, 그것이 그들로 하여금 마음에 걸려 있던 마지막 빗장까지도 열게 한 듯했다.

온누리교회 하용조 목사, 여의도순복음교회 조용기 목사, 지구촌교회 이동원 목사, 남서울교회 홍정길 목사, 할렐루야교회 김상복 목사 등이 강사로 세워졌고, 나와 남편도 단상에 올라 말씀을 전했다. 발레, 성악, 악기 연주 등 여러 문화 행사가 다채롭게 진행되었다.

참석자들은 세상의 지위나 명예에 상관없이 누구나 자신을 한민족의 일원이요 한 사람의 그리스도인으로 소개하며 자랑했다. 그리고 서로 각자 살아온 이야기를 스스럼없이 나누었다. 우리가 이 땅에서 나라를 잃고 슬픔에 빠졌다가 광복을 맞이하여 기뻐하는 것도 잠시, 동족상잔으로 고통을 겪고, 헐벗은 대지 위에서 다시 삶의 터전을 닦느라 희로애락에 지칠 동안에 한인 디아스포라들은 홀로 생존을 위해 외로이 싸웠고 끝내 살아남았다. 그들은 바람 부는 대로 날려 흩어지는 씨앗과도 같았다. 그런데 그들이 바람을 되짚어 자기 땅으로 돌아와도 그들을 환영하는 이들이 없었으니 얼마나 참담했을까.

하나님은 그들을 위로하라고 하셨다. 그들에게 한민족의 정체성을 심어 주고, 고난의 역사 뒤에 하나님의 계획이 있으셨음을 깨닫게 도우라고 하셨다. 그렇게 함으로써 자기가 나고 자란 땅에서 선교사로 살아갈 비전과 힘을 얻게 하는 것이 하나님의 뜻이었다. 자기 머리 위에 임한 여호와의 영광을 깨닫는 자마다 일어나 빛을 발하리라!

예배 시간에 디아스포라들이 서로를 향해 두 손을 뻗으며 "당신은 하나님의 언약 안에 있는 축복의 통로"라고 고백했다. 말이 통하지 않아도 눈빛만으로 동질감을 느낄 수 있었다. 닷새 내내 누구든 자기 옆 사람을 가슴으로 안으며 축복하곤 했다. 특히 하나님 안에서 한민족의 정체성을 확인하고, 하나님의 부르심을 깨달은 청년들이 크게 감격하며 힘을 얻었다.

상실의 고통을 딛고
열 걸음 더 나아가라

눈빛만 봐도 마음이 통하는 사람이 있기 마련이다. 그런 사람과 함께하면 얼마나 안심되고 힘이 되는가! 남편이 그런 사람이다. 평생 남편과 사역의 즐거움과 기쁨을 나누었고, 고통을 분담해 왔다. 그에 못지않게 앞서거니 뒤서거니 하며 하나님의 길을 함께 걸어온 이가 있으니 바로 하용조 목사다.

한민족 디아스포라 선교 대회를 생각하면 하 목사를 떠올리지 않을 수가 없다. 대회를 마치고 나서 2주 만에 하늘의 부르심을 받았기 때문이다. 그는 내게 어려운 때에 도움을 주는 형제였으며, 철이 철을 날카롭게 하듯 나를 닦아 주는 친우였고, 존경하는 목회자들 가운데 한 명이었다. 그런 그가 홀연히 작별을 고하자 나는 다리 하나를 잃은 듯 힘을 잃고 한동안 주저앉아 있어야 했다.

그는 대학 3학년 때 발병한 폐결핵을 시작으로 당뇨, 고혈압, 간경화, 신부전증 등 각종 병마와 평생 싸우며 살았다. 그러면서도 병에 눌려 생기를 잃는 일은 없었다. 생기를 잃기는커녕 웃기를 좋아해서 오히려 시도 때도 없이 장난을 치곤 했다.

얼마나 장난꾸러기인지 나를 "처형"으로 부른 적이 거의 없고, 자기 아내를 따라 "언니"라고 불렀다. GCOWE '95에서 우리나라가 2,000개 미전도 종족을 할당받았을 때, 나는 100개 종족도 부담스러워하며 조심스럽게 입양했는데, 하용조 목사는 2,000개 종족을 모두 입양하겠다며 거침없이 나서기도 했다. 그가 미전도 종족 목록 파일을 장난스럽게 빼앗아 높이 들고는 "언니, 이거 나 다 줘요! 우리가 2,000개 종족을 입양할게요"라며 억지 부렸던 때가 떠오른다. 그때는 곤혹스러워 웃기만 했는데, 그것은 그의 진심이었다. 결국 그는 1,000개 종족을 입양하여 2000선교본부를 만들었고, 2,000명의 선교사를 파송할 것을 선포했다. 소천한 지 7년째 되는 2018년에 마침내 2,000번째 선교사가 파송되었다고 하니 하나님이 주신 비전은 반드시 이루어진다는 사실을 다시 한 번 확인한다.

한민족 디아스포라에 관한 비전을 나눌 때도 "언니, 이거 우리가 해야 하는 건데…. 우리가 하면 더 잘할 텐데" 하며 장난스럽게 웃던 그의 얼굴이 지금도 눈에 선하다. 죽음의 그림자가 아무리 어른거려도 그는 단상에만 오르면 놀라운 힘을 발휘하곤 했다. 무엇도 그의 설교 열정을 가로막지 못했다. 디아스포라 대회 내내 그는 여느 때처럼 들떠 있었고, 거룩한 욕심에 좀 더 적극적으로 참여하지 못하는 것을 못내 아쉬워했다.

대회 나흘째 되는 7월 14일 저녁 집회는 잠실 실내체육관에서 열렸다. 그날 설교가 내가 들은 하용조 목사의 마지막 설교였다. 그는 자신이 지금까지 이렇게 사역할 수 있었던 것은 30년간 아팠던 덕분이라는 말로 설교를 시작했다. 약할 때 강함 주시는 하나님을 고백하며 약할 때 두려워하지 말고 오히려 기뻐하라는 메시지를 전했다. 그는 언제나처럼 느긋한 자세로, 예배드리는 성도들을 바라보며 여유로운 미소를 지었다.

그러고 나서 2주 뒤에 하나님이 그의 숨을 거두어 가셨다. 그가 평소 존경하던 존 스토트 목사가 소천한 지 딱 1주일 만이었다. 그의 병약함을 모르지 않았고, 죽음이 언제든 우리에게 닥칠 수 있다는 것을 알면서도 하 목사의 죽음은 너무나 충격적이었다. 아무것도 할 수 없을 만큼, 심지어 하나님이 주신 한민족 디아스포라의 비전마저도 내려놓을 만큼 상실감이 컸다. 가족이자 동역자인 절친한 친구를 잃은 슬픔에서 벗어나기까지 꼬박 2년이 걸렸다.

2014년이 되어서야 두 번째 대회를 열 수 있었다. 이번에는 18세에서 40세까지의 차세대 디아스포라에게 초점을 맞추었는데, GCOWE '95를 성공적으로 이끄는 데 견인차 역할을 한 루이스 부시 박사와 로렌 커닝햄 목사를 초청했다.

또한 온누리교회 이재훈 목사와 할렐루야교회 김승욱 목사 등 그동안 세대교체를 이룬 사역자들이 새롭게 단상에 올랐다.

대회를 거듭할수록 실천 사항이 보강되어 갔지만, "조국과 멀리 떨어져서 정체성의 혼란을 겪는 재외동포들이 대회를 통해 민족적 정체성을 확인하도록 한다"는 목표와 "국내에 연고가 없는 디아스포라들이 한국 교회 및 후원자와 연결되도록 돕고, 준비된 자들을 발굴하여 훈련을 시킴으로써 현지 선교사로 역파송한다"는 목표만큼은 변함없이 일관성 있게 추진하고 있다.

2회 대회(2014년)는 1회 때와 거의 비슷하게 치렀지만, 3회(2015년)와 4회(2016년)는 국내에 거주하는 디아스포라들을 위하여 서울에서 각각 3일간, 2일간 개최했다. 1, 2회 대회를 치르면서 비교적 가까이에 사는 중국의 고려인과 조선족이 오히려 우리 관심에서 얼마나 멀리 떨어져 있었는지를 깨달았기 때문이다. 그래서 재한 중국 동포 및 고려인을 비롯하여 미국, 유럽 등 세계 각지에서 온 동포들을 초청하여 말씀과 사랑의 위로 잔치를 열었다. 100여 년 전에 이주하여 이민 4세대, 5세대가 된 이들이 주로 참석했다. 그들에게 한민족의 피가 흐르고 있음을 일깨우고, 민족의 자긍심을 불러일으키는 뜻깊은 시간이었다.

그러나 세월 앞에 장사 없다더니 큰 대회를 몇 번 치르고 나니 기진맥진해졌다. 4회 대회를 마치고 나서는 나도 모르게 "이렇게 힘든 일을 왜 하라고 하시나?" 하는 푸념이 나왔다. 그러자 "너 말고도 디아스포라들을 돌볼 사람은 많다. 그러니 그렇게 힘들면 안 해도 된다"고 말씀하시는 하나님의 음성이 들려왔다. 뜻밖의 말씀에 서운함이 밀려와 서럽기까지 했다. 정말로 그만두어야 하나 싶었지만, 당시 유럽의 한인 디아스포라들의 집회 요청이 거듭되던 참이라 일을 손에서 놓을 수가 없었다.

2017년 8월, 5회 대회가 독일 프랑크푸르트에서 3일간 열렸다. 유럽 각지에서 디아스포라들이 속속 모여들어 현지에서 역사상 가장 많은 한인 그리스도인이 모인 집회가 되었다. 중세의 신앙 암흑기를 깨뜨리고, 마르틴 루터(Martin Luther)가 "오직 믿음, 오직 은혜, 오직 성경"을 선포하며 교회 개혁을 부르짖은 지 500년 만에 독일 현지에서 한인 디아스포라들의 기도와 찬양이 울려 퍼졌다. 오늘날 너무나 익숙하여 권태로워진 신앙생활에 경종을 울리고, 다시 기본으로 돌아가 말씀과 기도로 거듭나자는 메시지가 선포되었다.

하나님은 한인 디아스포라가 요셉과 다니엘처럼 자신이 있는 곳에서 구원을 선포하고 복음을 전파하기를 기대하신다. 우리가 내 동족, 하나님의 백성들을 환대하고 찾아갈 때, 하나님이 오히려 우리 사회와 경제와 문화를 더욱 튼실하게 해주실 것이며 한국 교회에 더 큰 부흥을 허락해 주실 것을 믿는다.

6회(2018년) 대회 때는 탈북민을 중심으로 전 세계에서 2,400여 명에 달하는 한인 디아스포라가 서울로 모였다. 국내 횃불회가 협력하여 3일간 진행했는데, 159명이 선교에 헌신할 것을 약속하여 6회 만에 선교사로 헌신한 누적 인원이 2,005명에 달하는 기적이 일어났다.

횃불사역 40년을 보내고, 재도약하는 2019년에 여는 제7회 횃불 한민족 디아스포라 세계 선교 대회도 6회에 이어 탈북민을 중심으로 진행할 예정이다.

우리나라가 선교사 파송에서 여전히 세계 2위를 기록하고 있기는 하지만, 선교지의 현실은 날로 심각해지고 있다. 그러나 전 세계 193개국에 흩어져 사는 750만 한민족 디아스포라가 믿음으로 유기적인 연결을 이룬다면, 하나님은 반드시 한민족을 통해 놀라운 일을 행하실 것이다(외교부, 〈재외동포 현황 2019 총계〉 참조).

디아스포라들이 한민족의 정체성을 일깨우고, 하나님이 오래전부터 계획하시어 타지에서 살게 하신 목적을 깨닫는다면, 본토 교회와 형제자매가 되어 세계 복음화를 위해 함께 나아갈 꿈을 꿀 것이다. 그리고 기쁜 마음으로 선교 훈련을 받고, 자기가 나고 자란 곳으로 돌아가 선교사로 기꺼이 헌신할 것이다. 이것이 바로 우리가 이루어야 할 하나님의 꿈이다.

지난 몇 년간 한류 열풍이 세계를 휩쓸고 있고, 한인 디아스포라들이 여러 영역에서 두각을 나타내고 있지 않은가! 이는 "땅 끝까지 이르러 내 증인이 되리라"(행 1:8)고 하신 예수님의 지상명령이 한민족을 통해 이루어질 수도 있다는 희망을 보여 준다. 100여 년 전 한민족을 전 세계로 흩으신 하나님이 이제 이들을 다시 모아 서로 연결하게 하시는 것은 마지막 때를 위한 준비임이 틀림없다.

선교는 그리스도인의 존재 이유이고, 속히 이루어야 할 하나님의 지상명령이기도 하다. 하나님은 뜻하신 일을 반드시 이루시는 분이므로, 한인 디아스포라는 역사를 통해 보여 주시는 하나님의 계획을 깨닫고 순종해야만 존재 목적에 맞는 삶을 살 수 있을 것이다.

그때에 스데반의 일로 일어난 환난으로 말미암아

흩어진 자들이 베니게와 구브로와 안디옥까지 이르러

유대인에게만 말씀을 전하는데

그중에 구브로와 구레네 몇 사람이 안디옥에 이르러

헬라인에게도 말하여 주 예수를 전파하니

주의 손이 그들과 함께하시매

수많은 사람들이 믿고 주께 돌아오더라

행 11:19-21

― 지도 위에 불을 밝히면 누군가 길을 가리라 ―

이 백성은 내가 나를 위하여 지었나니 나를 찬송하게 하려 함이

니라(사 43:21).

예수님은 "기도 외에 다른 것으로는 이런 종류가 나갈 수

없느니라"(막 9:29)고 말씀하셨다. 이 말씀이 곧 진리임을 내

삶이 증언한다. "이런 종류"의 일을 겪을 때마다 실로 기도 외에는 어떤 것으로도 이겨 낼 수 없음을 확인하며 살아왔으니 말이다.

나는 하나님의 뜻을 알고, 그 뜻에 순종하기 위하여 늘 말씀과 기도에 몰두하며 살았다. 단 몇 구절이라도 읽고 묵상하고, 기도해야만 하루하루 버티고 나아갈 힘을 얻곤 했다. 기도는 하는 사람의 몫이다. 기도하는 사람만이 하나님을 만날 수 있고, 하나님을 만나야 은혜를 경험한다는 뜻이다. 이것은 기도하는 사람만이 경험할 수 있다. 하나님과 교통하는 길은 늘 열려 있다. 우리에게는 기도가 있지 않은가?

요즘도 습관에 따라 매일 새벽 정해진 시간에 기도하고 있다. 젊을 때에는 하루에 서너 시간씩 기도했지만, 나이 들어서는 한두 시간밖에 하지 못한다. 습관의 힘이 얼마나 강한지 모른다. 오랜 세월 동안 믿음의 습관을 꾸준히 유지해 온 덕분에 아무리 지치고 힘든 날이라도 기도할 힘은 남아 있다.

기도를 하면 할수록 믿음은 어린아이처럼 단순해지는 것을 느낀다. 하나님 앞에서 내 죄와 힘은 아무것도 아님을 깨닫기 때문이다. 자신의 무지와 무능을 인정하고 어린아이처럼 될 때, 비로소 하나님의 역사의 일부가 되고, 동시에 그 역사를 목격하는 증인이 된다. 이것이 하나님 나라의 진리다. 하나님은 "세상의 약한 것들을 택하사 강한 것들을 부끄럽게"(고전 1:27) 하는 분이시니 그리스도인의 삶은 강함만을 추구하는 세상 사람들의 삶과 그 결이 다를 수밖에 없다.

나는 에두를 줄 모르고 "가다"와 "서다"만 할 줄 아는 외골수로 살아왔다. 하나님이 말씀하시면 그것을 향해 내리달리곤 했다. 그러다가 멈추어 서는 것은 쉴 때뿐이었다. 내 멋대로 방향을 틀거나 뒷걸음질 쳐 본 적이 없다. 그저 한길 위에서 하나님의 말씀에 울고 웃었고, 춤추며 노래했다. 때로는 경외감에 떨기도 하고, 세상이 주지 못하는 위로를 받고 흐느끼기도 하면서 말이다.

2017년 독일에서 5회 한인 디아스포라 대회를 마치고 난 뒤에 일행이 근처 유적지를 둘러보기 위해 여행을 떠날 때, 나는 호텔에 남아 간호사의 도움을 받으며 조용히 휴식을 취하고 있었다. 오랜만에 창밖을 내다보며 앉아 있자니 적적하기까지 했다. 그때 갑자기 크고 묵직한 손이 내 어깨를

치는 것 같았다. 놀라서 돌아보니 아무도 없었다. 조용한 가운데 "고생했지?" 하며 웃으시는 주님의 음성이 들리는 듯했다. 그 순간, "너 말고도 디아스포라들을 돌볼 사람은 많으니 힘들면 안 해도 된다"고 말씀하셨던 것에 대한 섭섭함이 일시에 사라졌다.

그 자리에서 나는 하나님께 나의 부족함을 고백하고, 못해도 10회까지는 한인 디아스포라 대회를 계속 책임질 것을 약속드렸다. 나 말고 누가 디아스포라들을 섬기게 될지는 알 수 없지만, 그 사람을 만날 때까지는 내게 맡겨진 사명에 최선을 다하기로 한 것이다. 다음 사람이 나보다 더 잘할 수 있도록 정성스럽게 준비해 두는 것 또한 내가 할 일이다.

지금까지 하나님의 빛을 따라 살아오는 동안에 내가 깨달은 진리는 매우 단순하다. 인간은 모두 죄인이라는 것과 예수님을 통해 구원받은 믿는 자들은 모두 감춰진 보배라는 것이다. 죄인의 길은 어둠과 같아서 걸려 넘어져도 그것이 무엇인지 깨닫지 못하지만(잠 4:19 참조), 구원받은 자의 길은 빛 가운데 있으니 영생으로 나아갈수록 더욱 빛날 것이다.

감추어졌던 보배가 빛을 발하려면, 고난의 유익을 배워야 한다. 고난을 당하면 비로소 진솔해지고, 참된 것을 볼 줄 알게 된다. 그래야 예수님이 누구시며 이 땅에 왜 오셨는지를 알게 되고, 주님이 실로 고난당하는 이들을 위해 오셨음을 깨닫게 된다.

오랜 세월 동안 나는 "제자의 이름으로 이 작은 자 중 하나에게 냉수 한 그릇이라도 주는 자는 내가 진실로 너희에게 이르노니 그 사람이 결단코 상을 잃지 아니하리라"(마 10:42)는 말씀을 따라 목마른 이들에게 냉수 한 잔 대접하는 일을 게을리하지 않았다. 그러나 솔직히 별다른 느낌은 없었다. 그러다가 막상 내가 목말라 보니 목마름의 고통을 알게 되었고, 그제야 이 말씀의 의미를 제대로 이해할 수 있었다. 고난이 없었다면, 주님의 말씀을 피상적으로만 이해했을 것이다.

어쩌면 예수님을 믿는 일 자체가 고난이라고 할 수 있다. 믿음은 예수님과 동행하는 것이고, 예수님이야말로 고난당하신 분이기 때문이다. 그러나 우리가 받는 고난은 예수님에 비하면 아무것도 아니지 않은가? 경험해 보니, 어지간한 고난은 참을 만하고, 참을 만한 고난은 무엇이든 영혼에 유익하다는 것을 배웠다.

고난과 기도는 믿음의 두 날개라고 할 수 있다. 기도에 불을 붙이는 것이 고난이고, 고난을 이기는 유일한 힘은 기도에서 나온다. 기도가 쌓일수록 은혜가 깊어진다. 두 날개로 날아야만 믿음이 건강해지고, 그래야 구원에 합당한 삶을 살 수 있다.

"구원에 합당한 삶을 살라"는 가르침이야말로 자녀에게 물려줄 최고의 유산이다. 나와 남편은 아이들 앞에서는 말수가 적어진다. 아이들이 자랄 때 뒷바라지를 잘해 주지 못했고, 물려줄 재산도 딱히 없는 탓에 자기도 모르게 어깨가 좁아지는 것 같다. 부모 때문에 겪지 않아도 될 일들을 겪으며 자란 아이들을 생각하면 늘 미안하다. 그럼에도 불구하고, 감사하게도 한 명도 어긋남 없이 믿음 안에서 잘 자라 주었다. 선대부터 꾸준히 내려온 기도의 전통 덕분이 아닌가 싶다.

이제는 삼 남매가 각자 가정을 꾸려 명실상부한 어른이 되었지만, 남편은 아직도 아이들을 사랑스럽게 쳐다본다.

대개 어른이 되면 아버지와 아들은 어색한 사이가 된다고 하는데, 남편은 지금도 두 아들을 보면 배시시 웃으며 흐뭇해한다. "뭐가 그렇게 좋아요?" 하고 물으면, "예쁘잖아" 하고 대답하는데, 남편 눈에는 아들의 시퍼런 수염 자국이 보이지 않는 모양이다.

나도 아이들을 보면 웃음이 절로 나온다. 사실, 이제는 손주들이 더 반갑고 예쁘지만, 삼 남매를 보면 미처 해 주지 못했던 말들이 입에서 맴돌아 더욱 애틋하다. 일찌감치 자기 꿈을 찾아 유학을 결심할 정도로 당찼던 큰딸에게 자기 꿈을 펼칠 기회를 주기보다는 객지에서 부모 대신에 두 남동생을 돌봐야 하는 짐을 맡겼던 게 못내 미안하다. 어린 나이에 얼마나 버거웠을까….

어린 딸을 혼자 유학 보낼 수 없어서 한 살 아래 장남을 같이 보냈다가 딸이 원하는 대학에 진학하자 장남을 다시 불러들였다. 국내에서 또래들과 사귀며 공부해야 사회를 속속들이 배울 수 있다고 판단했기 때문이다. 가업을 이어야 할 장남을 경영자로 키우는 우리만의 방식이었다. 아들은 대학을 졸업한 후 남편의 바람대로 신동아그룹에 입사

했다. 말단 직원으로서 평범하지만 바쁘게 생활하는 장남이 믿음직하고 대견했다.

그러나 1990년대 말에 외환 위기와 함께 남편이 외화 밀반출 혐의로 구속되고 끝내 그룹이 강제로 해체되는 등 우환이 겹쳤고, 나와 남편은 법정과 구치소를 오가는 신세가 되었다. 그 모든 과정을 지켜본 아들의 심정이 어땠을지 짐작하기도 힘들다. 그때부터 지금까지 속내를 내비치지 않고 우리 곁에서 묵묵히 자리를 지켜 온 아들이 고마우면서도 안쓰럽고 미안하다. 그렇게 속 깊은 아들에게 무슨 할 말이 있겠는가.

나와 남편을 언제나 살갑게 대하는 것은 역시 막내아들이다. 쾌활하게 웃으며 농담을 즐기는 작은아들 덕분에 웃음이 끊이질 않는다. 형제 중에 가장 먼저 결혼하여 일찌거니 가장이 되었는데도 우리에게는 여전히 귀엽기만 한 막내다. 어릴 때 맘껏 놀아 주지 못한 것이 내내 마음에 걸린 탓인지 고등학생 자녀를 둔 장성한 아들에게서 일곱 살 때 얼굴을 발견하곤 한다. '그때 더 많이 안아 줄걸, 더 오래 놀아 줄걸' 하는 아쉬움이 밀려들다가도 역시 믿음으로 하나님께 맡겨 드리길 잘했다는 생각이 든다. 주님이 키우셨으니 주님이 끝까지 책임지시리라는 생각에 다시금 안심한다.

나와 남편은 부모로서 자녀들에게 "구원에 합당한 삶을 살라"는 가르침밖에는 줄 것이 없다. 매일 기도하고 말씀을 묵상하며 믿음 안에서 성장해 가기를 기도할 뿐이다. 우리는 하나님의 말씀은 반드시 이루어진다는 진리를 체험하며 살아왔다. "주께는 하루가 천 년 같고 천 년이 하루 같다"(벧후 3:8)고 하지 않던가! 아직 이루어지지 않은 하나님의 약속이 있을지라도 언젠가는 반드시 이루어 주실 것이다. 자녀들 스스로 이 진리를 배우게 되리라 믿는다. 이 믿음이 우리가 물려줄 유일한 유산이다.

하나님의 말씀을 따라 횃불 사역을 시작한 지 40여 년이 지나고 있다. 그동안 여러 방면으로 펼쳐 왔던 사역을 가만히 정리하고, 앞으로는 한인 디아스포라를 섬기는 사역과 횃불회 사역과 횃불트리니티신학대학원대학교 사역 등 세 가지 일에만 집중하려고 한다. 즉, 오는 2022년에 제10회 횃불 한민족 디아스포라 세계 선교 대회까지 성공적으로 치를 수 있도록 준비하는 것과 전국 15개 횃불회와 더불어

해마다 횃불연합성회를 개최하는 일과 목회자들이 외국 유학을 가지 않고도 횃불트리니티에서 미국의 목회학 박사 학위(D. Min)를 받을 수 있도록 돕는 일에 매진할 것이다.

한낱 피조물에 불과한 우리가 하나님의 큰 비전을 한눈에 알아볼 수는 없다. 그러나 기도와 말씀을 통해 주시는 표지를 따라 날마다 나아가다 보면 어느새 어떤 궤도를 그리고 있음을 깨닫는다. 그동안 이 땅에서 그려 온 내 삶의 궤적이 후대에 유익한 지도가 되기를 바란다.

> 진실로 생명의 원천이 주께 있사오니 주의 빛 안에서 우리가 빛을 보리이다(시 36:9).

동행의 역사 (기독교선교횃불재단 연혁)

┌ 2019년 - 10월 제7회 횃불 한민족 디아스포라 세계 선교 대회 (횃불선교센터)
│   - 4월 횃불연합대성회
│   - 5월 미국 트리니티 복음주의 신학대학원 목회학 박사 과정 (K-D,Min) 1회 졸업
├ 2018년 - 7월 제6회 횃불 한민족 디아스포라 세계 선교 대회 (분당 할렐루야교회)
│   - 9월 강원영동 (강릉) 횃불회 창립
│   - 10월 횃불연합대성회
├ 2017년 - 8월 제5회 횃불 한민족 디아스포라 세계 선교 대회 (독일 프랑크푸르트)
├ 2016년 - 3월 인천 횃불회 창립 / 제주 횃불회, 광주 횃불회 재창립
│   - 4월 횃불연합대성회
│   - 6월 미국 트리니티 복음주의 신학대학원 (TEDS) - (제)기독교선교횃불재단
│   MOU 체결
│   - 6월 미국 트리니티 복음주의 신학대학원 (TEDS) 목회학 박사 과정 1기 시작
│   - 8월 제4회 횃불 한민족 디아스포라 세계 선교 대회 (세종대학교 대양홀)
├ 2015년 - 3월 횃불연합대성회
│   - 9월 전남동부 (여수) 횃불회 창립
│   - 9월 제3회 횃불 한민족 디아스포라 세계 선교 대회 (횃불선교센터)
├ 2014년 - 3월 횃불연합대성회
│   - 7월 제2회 횃불 한민족 디아스포라 세계 선교 대회 (횃불선교센터, 잠실실내체육관)
├ 2013년 - 2월 경기북부 (일산) 횃불회 창립
│   - 3월 경기서부 (안산) 횃불회 창립
│   - 3월 서울 횃불회 재창립
│   - 4월 중동여성 지도자대회 (2013 Jordan WOGA Conference)
│   - 5월 중앙아시아 횃불회 창립 (우즈베키스탄, 카자흐스탄, 키르키즈스탄 등 7개 지역)
├ 2012년 - 1월 한민족 디아스포라 선교 양육 프로그램 (중국)
│   - 2월 부산 횃불회 재창립 / 천안 횃불회, 울산 횃불회 창립
│   - 4월 경남남부 (거제) 횃불회 창립
│   - 6월 횃불연합대성회
│   - 9월 제주 횃불회 재창립
│   - 9월 창원 횃불회 창립
├ 2011년 - 7월 제1회 횃불 한민족 디아스포라 세계 선교 대회 (횃불선교센터, 잠실실내체육관)
├ 2010년 - 8월 횃불연합대성회 (전국 사모회)

- 2009년   - 7월 한국-아프리카 여성 대회 (2009 African-Korean Women's Conference)
- 2008년   - 베트남 고아원 기공
- 2007년   - 10월 세계 여성 리더 선교 대회 (2007 Women of Global Action)
- 2006년   - 중국 3개 교회 건축, 인도 5개 교회 개척 후원
- 2005년   - 캄보디아 햇불병원 설립
- 1998년   - 햇불트리니티신학대학원대학교 설립
- 1995년   - 5월 세계 선교 대회 ('95 Global Consultation On World Evangelization; GCOWE)
- 1992년   - 11월 미국 트리니티 복음주의 신학대학원 신학 강좌 (8학차, 1993년 8월까지)
           - 부산 햇불회, 전주 햇불회 창립
- 1991년   - 대전 햇불회, 대구 햇불회 창립
           - 양재 햇불선교센터 준공
- 1990년   - 제주 목회자 햇불회 창립
- 1988년   - 기드온 부부 햇불회
           - 양재 햇불선교센터 기공
           - 재단법인 기독교선교햇불재단 설립
- 1987년   - 햇불 합창단 창단 (프로)
           - 월간 크리스찬타임즈 창간
- 1986년   - 목사 햇불회 창립
- 1985년   - 마태 햇불회 창립
           - 할렐루야 햇불 합창단 창단 (아마추어)
           - 5월 63빌딩 준공
- 1984년   - 사모 햇불회 창립
- 1980년   - 루디아 햇불회, 사회사업 햇불회, 청지기 햇불회, 부부 햇불회, 미용 햇불회, 무학 햇불회, 기드온 햇불회, 어린이 햇불회, 스포츠 햇불회, 경찰 햇불회, 유학생 햇불회 창립 / 햇불 연합회 결성
           - 할렐루야 축구단 창단
- 1979년   - 사단법인 한국기독교선교원 설립 / 햇불회 사역 시작
- 1978년   - 이화여대 약학대학 졸업생 햇불 기도 모임이 합류하면서 '루디아 햇불회'로 개명
- 1977년   - 한남동 자택 거실에서 둘째 여동생, 친한 친구와 함께 세 명이 기도하기 시작
           - 알음알음 모인 친구들과 화요 기도 모임 결성 후 '루디아 기도회' 명명

햇불회 활동(가나다순)

┌ 2000년대 - 강원영동(강릉) 햇불회, 경기북부(일산) 햇불회, 경기서부(안산) 햇불회, 경
│   남남부(거제) 햇불회, 울산 햇불회, 인천 햇불회, 전남동부(여수) 햇불회, 중
│   앙아시아 햇불회, 창원 햇불회, 천안 햇불회 등 창립
│   - 광주 햇불회, 부산 햇불회, 서울 햇불회, 제주 햇불회 재창립
├ 1990년대 - 대구 햇불회, 대전 햇불회, 부산 햇불회, 전주 햇불회 제주 목회자 햇불
│   회 창립
└ 1980년대 - 경찰 햇불회, 기드온 햇불회, 기드온 부부 햇불회 루디아 햇불회, 마태
            햇불회, 무학 햇불회, 미용 햇불회, 부부 햇불회, 사모 햇불회, 사회사업
            햇불회, 스포츠 햇불회, 어린이 햇불회, 유학생 햇불회, 청지기 햇불회
            창립